原点としての恵那の子ども時代

牧野剛 著

あるむ

恵那高等学校

中山道大井宿

町の学芸会（左端が本人）

お稚児さん姿で

大学生時代
名大キャンパスにて

父と母

木曽駒登山

河合塾の授業風景

プロ野球観戦のあとのスイカ割り

上下とも河合塾の野球大会

河合塾の授業風景

カンボジアの市場にて

カンボジア–日本友好学園にて

カンボジアの学校に送る
シャープペン等のとりまとめ

北京大学キャンパスにて

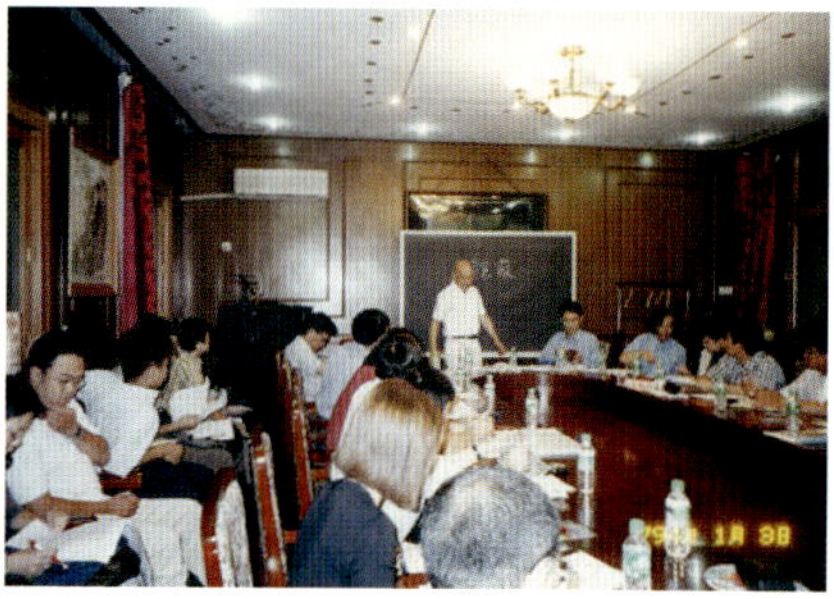

北京大学歴史系での研究会

天安門前広場にて

名古屋市長選挙

恵那高校同窓会

娘の波と

コスモの合宿

出版記念会にて

姪の結婚式

岐阜県人会

牧野家の墓で

義弟家族と

長国寺にて 兄弟四人揃って

本人の還暦祝いで

もくじ

原点としての恵那の子ども時代

原点としての恵那の子ども時代

恵那の「戦後民主主義教育」

ぼくは、一九四五年九月に岐阜県の東濃地方の大井（現在の恵那市）に生まれた。一九四五年八月十五日の日本の敗戦からわずか一ヵ月余のことである。したがってその後のぼくの人生は、戦後日本とほぼその歩みを軌を一にすることになる。

今年（二〇一五年）の九月にぼくは七十歳になったが、日本もこの八月で戦後七十年になった。その意味で、六〇年の安保反対運動、六八年以降の全共闘運動など、常に戦後という時代に関わる形で生きた気がする。

本書は、その恵那での、ぼくがものごころついた一九五〇年代の初めから六〇年代半ばに大学に入るまでの、ぼくの少年時代を回想して語ったものである。

ぼくは子どもの時、この恵那で、当時「恵那方式」と呼ばれた革新的な戦後民主主義教育を受けて成長した。このことが、あとのぼくの精神というか思想の核をまちがいなく形成していったと思う。ただ、その影響は順接というより逆接としてあった。

ぼくの小学校時代の教師の多くは、革新系の教師だった。この恵那には、戦後の新しい民主主義教育を実践しようという熱意に燃えた教師たちが集まっていたが、彼らの多くは「進歩派」の日共（日本共産党）系組合主義者だったのである。当時の一九五〇年代の恵那というのは、日教組の戦後民主主義教育運動の拠点の一つとして有名で、「つづり方教育運動」「地域史作成運動」「父兄組織化運動」「児童生徒会運動」などの実験的な民主主義教育が、こうした革新系の教師によって積極的に進められており、それが「恵那方式」として全国から注目を浴びていたわけである。多くの教育関係者が全国から恵那に見学にやってきていた。

そういう戦後民主主義教育のまっただ中で、ぼくは、彼ら革新系教師の持つ欺瞞性――それはあと知恵でいえば、戦後民主主義の限界でもあったわけだが――と厳しく闘いながら、少年時代を送った。このことが、ぼくをきわめて早熟な政治少年にしていったといえるし、同時に、彼らとの闘いが、今から考えれば、「教育とは何か」ということを知らず知らずのうちにぼくに考えさせる原点にもなった。その意味で、彼ら革新系教師の、まさに文字通り反面教師としての、ぼくに及ぼした影響は、きわめて大きかったのである。

ぼくの小学校入学前の子ども時代、つまり一九五〇年前後は、世界ではすでに米ソの東西冷戦が始まっており、ぼくが小学校に入ったころには朝鮮戦争がその東西冷戦の代理戦争として起こっていた。したがって、日本も西側陣営の一員として応分の役割負担がアメリカから期待されることになり、アメリカの対日政策もそれまでの民主化政策から一八〇度変更されることになっていった。それにともなって日本の戦後政治の中枢ではすでにそれまでの方針から右旋回に移行しつつあったのである。

しかし日本の地方の隅々では、まだ戦前の軍国主義からの反動からか、戦後に初めてもたらされた自由な空気の中で社会主義や共産主義に対する人々の憧れが強く、全国的にもこうした革新系の運動がさかんだったのである。そうした中、ぼくの町では小学・中学・高校ともこの日共系の組合主義者の教師が多数いて幅を利かせていた。東西冷戦の影響のもと日本が変化して行くなかで、むしろその流れに抗するように、地方ではいっそう社会主義が流行し、学校教育でも社会主義をめざす彼らが体制派だったのである。

当時の時代のそうした強い状況を背に、彼らは自分たちの正しさ、日共的正しさに確信を持っており、それを子どものぼくたちに押し付けてきた。そのために授業ではぼくたちにマルクス主義と日共が正しいという話ばかりを教え込んだ。だから、ちょっと子どもの家が良かったり金があったり勉強ができたりしたら、それはまずいということになった。彼らの考える平等主義に反するからだ。みんな貧しくてがんばらなければいけない、プロレタリアートがいいんだ、という奇妙な平等主義が彼らにはあった。

しかし、彼らはまた、自分に気に入らないことがあると、軍隊と同じようにぼくらを立たせて、気分に任せてバーンと殴ったりもした。戦前の軍隊式の精神の上に戦後民主主義を接木しただけだということだ。ぼくらに「足を踏ん張って歯をかみ締めろ」と言って殴るので、あるとき、それをいったいどこで覚えたのかと教師に聞いたら、「軍隊だ」ということだった。

日共と軍隊式、日共と天皇制、これには共通するものがある。上から下への上意下達の支配の階層構造が同型なのである。もちろんこういうことは後で気づいたことだが、殴られるぼくたちは、民主主義や人権を語る教師たちのこの行動の矛盾について敏感に気づいていた。平等を叫んだこれらの革新系教師は、表面的には平等を主張していたが、実態はまったく違っていたのだ。彼らは教師として学校内で特権的に権力を持ち、それを行使して生徒を抑圧したが、そのことにまったく無自覚だった。生徒は学校のなかでは先生に逆らうことは難しい。学校のそうした権力構造、自分たち自身の権力について、この「民主的な」教師たちにはなんの反省も自覚もなく、ただ、表面的に平等主義や民主主義や人権を叫ぶばかりであった。そしてまた、校長や教頭の役職が回ってくると、彼らはあっさり日和ってさっさと上昇して行ったのである。

結局彼らは、自分が組合や学校で上昇するためならどんなことでもやるんだなというのが、ぼくが子どもの時に実感したことだった。彼らは、自分たちが組合の中心に居続けるために、あるいは学校の中で上昇するために何をするか、という発想しかなかった。ぼくたち子どもを教えるのも、ぼくたちを日共に入れるためではないかと子ども心に思ったほどだ。実際、のちのちになってこのぼくの推測が正しかったことが証明されることになる。

大井宿として栄えた恵那

生まれ故郷の恵那とは、昔の中山道の四十六番めの宿場町、大井宿があったところで、尾張から行けば木曽谷に入る手前にある。中仙道の宿場町としては塩尻以西ではもっとも大きいとされ、本陣、脇本陣のほか旅籠も四十一軒置かれていた。花街もあった。大井は、笠置山、恵那山、木曽山脈などの二千メートルから三千メートルの山々に囲まれた冷涼な盆地で、町の中を南北に阿木川が流れており、これが北に行って木曽川に合流する。

明治維新前には、この大井の宿場町に、水戸天狗党が、遠く水戸から木曽の山々を越えて千数百人で大挙してやってきたといわれている。女も相撲取りも参加していたと言い伝えられるこの水戸藩の天狗党の人々は、大井宿で休むと、それぞれ宿代をきちんと払い、その後中山道を西に向かって進んで行ったという。水戸藩の尊皇攘夷派であった彼らは、藩内の保守派から逃れるようにして西に向かい、京都に上って朝廷に尊皇攘夷を訴えるつもりだったのである。しかし途中で、幕府から手を回された諸藩の迎え撃ちに遭い、結局雪の中を苦難の山越えをして北陸の敦賀に逃れ、大半はそこで処刑されるか、水戸に返されてもっと無残に処刑された。

ぼくは、天狗党が大井にやってきたという話を子どもの時に祖母から何度も何度も聞かされた。彼女はまるで昨日のことのように、水戸天狗党のだれが大井のどの家に泊まって何を食ったか、だれが阿木川の横の神社をきれいに掃除してお参りしたかなど、まるで見てきたように一々具体的に語って聞かせた。水戸天狗党の悲劇だけではなく、恵那の歴史と民俗についても、この祖母からこうした形で細かいことまでくり返しくり返し何度も聞かせられている。

彼女自身もそういう話を口伝えで聞かされて育ってきたのだろう。こうしてくり返し幼児の耳に入った祖母の話が、ぼく自身の最も古い知の原点になっているのではないかと思う。これは兄弟の中ではぼくだけの体験で、二人の兄たちには、この祖母から話を伝え聞くという経験がおそらくない。彼らはそんなことに関わらないで、ただひたすら自分で学校の勉強をやって、みずからの知を形成していったのだと思う。

大井には、そういう江戸時代に人びとが行きかった宿場町という古い伝統があり、東西のさまざまな文化も入ってきたので、単なる片田舎とはいえない。また大正時代には、大井の北を流れる木曽川に大井ダムが作られ、ダム式発電所としては日本で最初のものとなった。そのため大井の町には、他に先がけて早い頃から電球が灯り、市電が走ったと言われている。つまり、ぼくが生まれ育ったこの恵那＝大井というところは、江戸時代には中山道の宿場町であり、近代になってからは日本初の大井ダム発電所ができたように、いうならば前近代と近代が折り重なったようにしてできた独特の場所だったのだ。ちなみにこの木曽川をせき止めて作られた大井ダムは、まわりに奇岩が多いところから恵那峡という風光明媚な景勝地になって、いまでも多くの観光客が訪れている。

この大井に、明治になると国鉄の中央（西）線が通り、恵那駅ができた。この恵那駅は、それまで町の中心だった大井宿の中ではなく、当時の町の西外れを流れる永田川と街中を南北に流れる阿木川のあいだの水溜りのようなところに造られた。祖母に言わせれば、そこは昔は池だったとのことである。この湿地のうえにできた恵那駅を中心に、その後新しい町が出来上がっていくことになった。

ぼくの家はその新しい大井の町のちょうど真ん中あたりに位置していたが、そのあたりは湿地帯で、ぼくの家のすぐ横にも裏の池に流れ込む細い水路がつくられており、裏の池では鯉が飼われていた。もともとの大井宿は、川よりも高いところに作られていたが、これは湿地帯を避けた昔の知恵なのだろう。なぜ恵那駅が、わざわざこの湿地帯に作られたのかはわからない。

大井宿は、鉄道の駅が新たに西にできたことで、町の東の周縁へと追いやられ、やや寂れることになった。しかし全体としては、大井は時代に遅れすぎることもなく、東美濃の田舎の町としてはそれなりの歴史を背景に栄えていた。

良寛さんの紙芝居

ぼくが生まれたのは、一九四五年八月十五日に日本が敗戦してから、約一カ月後の九月二十四日、敗戦直後の混乱の中のことである。もしあの戦争があそこで終らずにもっと長引いていたら、ぼくにはまた違う運命が待っていたかもしれないと思う。ぼくは生まれたとしても生きられなかったかもしれない。

父親は当時の国鉄の職員で、中央線でいえば中津川駅の二駅向こうの落合川駅、中山道でいえば四十四番めの落合宿である木曽谷のなかの落合という村の出身だった。彼はぼくの母と結婚して恵那の母の家に入った。母が一人娘だったため、父は母の両親と同居することを選んだのだ。ぼくはその父と母の、男ばかりの四人兄弟の三男として生まれた。

三男というのは兄弟の中では微妙な位置で、上の二人の兄たちほどは親から注目も期待もされず、末弟ほどは甘やかされもせず、その狭間にあって親の目が届きにくく打ち捨てられた存在である。だが、子どものぼくはそのことを気にするでもなく、いつも一人遊びをしていた。とはいえ、この三男の位置が——特にプライドの高い優秀な兄たちがいるときにはいっそう——さまざまな心理的屈折をその後のぼくにもたらしていく。

ぼくが覚えているのは、幼稚園のときの良寛さんの紙芝居のことだ。ぼくは家の裏にある二葉幼稚園というところに通っていたが、そこでちょっとした遊びのつもりで、良寛さんの紙芝居をやることを思いついた。幼稚園の先生にそのことを言うと、何を考えたか先生は、父兄が集まる親睦会でその紙芝居をやるようにとぼくに言うではないか。気楽な思いつきだったものがたいへんなことになってしまったと思い、困ったぼくがお袋にそのことを話すと、「漢字も読めないのにどうやって紙芝居をするつもりなの？」と彼女も頭を抱えこんでしまった。それからというもの、毎日家でお袋が良寛さんの紙芝居を全部ぼくに読んで聞かせ、それをぼくがそのまま丸暗記するということになった。読めない漢字もなにもかも毎日毎日全部丸暗記した。それでも当日忘れたところがあったが、それは適当に話を作ってつないだので、結局親睦会での紙芝居はなんとかうまくいった。

だが、ぼくがそうやって一生懸命良寛さんの紙芝居を丸暗記しているときに、小学生だった二人の兄は、「良寛はこんなに偉いんだぞ」とか、「こんなことも言ってるんだぞ」とか、いかにも俺たちは良寛のことをよく知っているのにお前は何も知らないだろう、という感じでぼくに口を出してきたのだ。良寛についてぼくが何か言い返しても、「そんなことは知っている」と鼻で笑うだけだった。兄たちのことでは、この体験がトラウマのように深くぼくの心に刻まれている。

これ以降、ぼくの少年時代の兄たちとの関係は大体いつもこんな感じで進行していった。何かあると彼らに上からものを言われ、心理的に追い込まれることになった。彼らはぼくより早く生まれていろいろなことを知っていたし、勉強家だったので普通の子どもよりも知識も豊富だった。そのために、長兄から五年、次兄から三年年下のぼくは、圧倒的に不利だったのだ。ぼくは、その年の差をどこまで行っても埋められず、常に彼らに敗北するしかない存在としてあった。このことが、反発とも劣等感ともあるいは醒めた気分ともつかない、それらがない混ざったような複雑な気分をぼくの中に醸成していったのである。

ぼくの兄たちに対する思いには、兄たちを誇らしいという思いと、悔しいという思いと、いつもそういうアンビヴァレントな感情があった。ずっと後になってからのことだが、大学で谷川道雄さん（東洋史学）に出会ったとき――彼にも、谷川健一、谷川雁という戦後日本を代表する超ど級の知識人の兄がいた――、あの谷川兄弟の三男として健一、雁というきわめて自我の強い兄たちをもった彼の屈折した気持ちが、同じ三男としてぼくにはよくわかる気がしたものだ。

いつも腹をすかせていた——一九五〇年代の恵那の暮らし

ぼくが大井小学校に上ったのは、一九五二年の春である。敗戦後まだ数年のころのことであり、恵那では戦後の食糧事情の悪さがまだ影響していた。ここは山間の盆地で、広い農地や豊かな農業があるわけでもなく、さらに戦争に負けたということもあり、どこかから食べ物がやってくるわけでもなく、ともかく何もなかった。父親は国鉄の職員で、祖父は大工だった（恵那の昔の由緒ある家はみんな祖父が建てたという）ので、家に小さな畑があるわけでもなく、その意味でも食べものがなかった。

食べるものが満足にないので、ぼくたち子どもはいつも腹をすかせていた。小学校では、給食が始まったが、それはまずいコッペパン一個というようなものだった。しかし、ともかくそれは食べることができた。給食用のコッペパンを作っている町のパン屋では、学校に出して余ったコッペパンを五円で売りに出していたので、それを町の人がみんな並んで行列をして買っていた。そういう時代だった。時々そのコッペパンの給食に思い出したようにマーガリンのようなものがついてきた。

子どものころはいつもおなかがすいていた記憶があって、腹がふくれるまでものを食べたというような記憶はほとんどない。遊びに行くにも何をするにも、まずどこで何をとって食うか、柿の木があったらその柿を取って食えるかどうか、栗の木があったらその栗が食えるかどうか、とみんなで食べることばかり考えていた。落ちているものでも食えるものだったら何でも拾って食った。菓子を食うなどというぜいたくはほとんどなかった。

靴なんかは履いたことがなく、たいてい自分で作ったぞうりやお古の下駄をなおして履いていた。友だちもみんなそうだった。服も同様で、ぼくは二人の兄たちのお古ばかりを着せられていた。ただ、ぼくのかすかな記憶では、兄たちは子どもの時、皮の長靴をはいたり、皮のボタンの着いたコートを着ていた気がする。あれは軍隊で余ったものの支給品かなにかを国鉄から親父がもらい下げてきたのだろうか。どうもぼく自身のその頃の手作りのぞうりや着古した服と、兄たちの革靴やコートとの記憶のつじつまが合わないのだが、戦後の混乱の中ではちぐはぐなことがいろいろあるのだろう。

どこに行くにも、どんなに遠くに行くにもいつもぼくらは歩いて行った。小学校の遠足とは、本当に文字通りただ遠くまで歩いていくだけのことだった。遠足のおやつなどはもちろんない。電車はもちろん金がないので乗ったことはなく、幼いときは祖母に連れられて恵那駅に行って、ただ電車を見ているだけだった。そのときに天狗党の話などを祖母から聞いたのである。聞きながら何時間も飽きずに電車を見ていた。もう少し成長してからは、一度親父が桑名の海まで電車に乗せてくれたことがあった。「海を見に行こう」といって、電車に乗って桑名の海に行ったのが、ぼくが歩かずに行った初めての場所だった。

そのころは石炭も満足になく、御嵩（岐阜県可児郡）で亜炭を掘り出していたので、ぼくたちの町ではそれを使っていた。それを焚いて汽車も動かしていた。御嵩町は、戦後の亜炭の一大産地で、いまでもこの亜炭を掘った大きな坑道が至るところに残っていて、陥没の危険性があると言われている。亜炭の動力は弱いので、恵那から明知《あけち》に行く明知線では汽車が途中の坂を登ることができなかった。いつも坂の下で乗客を降ろして、乗客を坂の上まで歩かせていた。ぼくの学校は明知線の横にあったので、窓から乗客が坂道を歩いて上っている光景がよく見えた。大した坂ではなかったのに「ああ、また歩いているなあ」と思って眺めていた。坂の上まで行くと汽車はまた乗客を乗せて、明知に向かって走っていく。

学校の教室のストーヴも、その頃は亜炭を使っていたのでよく燃えなかった。教室もなかなか暖かくならなかった。ある日、こんなものより木を燃やした方がまだましなのではないかと思い、友だちと教室の余った椅子と机を壊してストーブに燃やしたことがある。よく燃えて教室は暖かくなった。しかし、教師にはひどく叱られた。

戦後に満州など大陸からぼくたちのところに引き揚げてきた人たちの暮らしはもっとたいへんだった。彼らは恵那の南西の高い山の上を苦労して開墾したが、五〇年代になってもまだ家には電気もひけないありさまで、その山の開墾地から学校に来ていた友だちは、家でロウソクで暮らしていた。ところが、そんな開拓の苦労も、一九五九年秋の伊勢湾台風で全部吹き飛んでしまった。そこを開墾してやっとの思いで住んでいた人々は、伊勢湾台風のあと、再び山を降りてどこかに散っていったのである。彼らはいったいどこへ行ったのだろうかと、ときどき思った。いまは、その場所は東濃牧場になっている。

初めての自分の本『ノートルダムのせむし男』

ぼくが初めてぼくだけの本を持ったのは、小学校に入って少したった頃のことである。ぼくの小さいときに、家にある本といえば、父親が国鉄に入ったころ、国鉄の学校で研修を受けた時に成績優秀賞で貰ってきた大きな辞書くらいしかなかった。それと『家庭の医学』である。ぼくの読書人生は、その当時家にあったこの一冊の難しい辞書を読むことから始まった。辞書はその時代の文化の枠組みに沿って作られているので、親父の若い頃、つまり戦前にできたその辞書は、ぼくたちの世界とはかけ離れていてよくわからなかった。しかし本が、家には『家庭の医学』のほかはそれ一冊しかないので、子どものころのぼくはその二冊ばかり読んでいた。難しい辞書の方は、「あ行」から何度も読んだ。わからなくても読んだ。よほど文字に飢えていたのだろう。現実の世界よりぼくにはその辞書の方が自分の世界に近かったということもある。あ行から読んだ項目には、雨が降りそうで降らない天気をなんと言うか、など漢語めいた難しい言葉があった。

そんなぼくが、初めて自分だけの本を持ったのは、「カバヤキャラメル」のおまけの賞品の本である。いまあるかどうか知らないが、ぼくの子どものころに「カバヤキャラメル」というものがあった。戦後少したってからのことである。まだ甘いものが不足していた時代なので、このキャラメルは大ヒットした。このキャラメルを一個十円で買うと、そのおまけに「文庫券」というものがついてくる。たいていは五点券で、これを十枚集めて五十点にすると、カバヤ文庫から自分の読みたい本を一冊もらえるという仕組みになっていた。

このカバヤ文庫には、「シンデレラひめ」から始まって世界の名作の子ども用のダイジェスト版が百冊くらい入っていたのである。五〇年代のまだそんなに本もないころのことだったので、これは子どもに人気があった。グリコなどのほかのキャラメルのおまけはたいていおもちゃの景品だったので、このカバヤキャラメルは大人にも受けがよかった。もし運よく五十点券がキャラメルの箱の中に入っていた場合、その券一枚でそのまま一冊本をもらえることになる。しかし、そんな幸運はめったになかった。それにぼくの場合は、そもそもキャラメルをめったに買うことができなかったのである。

ある日、このカバヤキャラメルの赤いカバの形をした宣伝カーが大井の町にやってきた。そのころこのカバの車は全国を回っていて、子どもに大人気だったのである。そのカバヤキャラメルのカバの車がぼくの家の裏の菓子屋にやってきたのだ。ぼくの家の横手にある家と家の隙間のような小路を通り抜けると、すぐその菓子屋に出た。キャラメルを買えないぼくも、そのカバの車を見に行って、近所のよしみで車の中を見学させてもらえることになった。だれでも車に乗せてもらえるわけではなかったが、すぐ裏の家の子どもだということで特別に乗せてもらえたのだ。

その車の中でのことである。初めて乗ったカバの車の車内を、ものめずらしげに見回したぼくは、なにげなくその床を見た。すると、なんとあの「五十点券」が車の床に落ちているではないか。「えっ」と思ってもう一度こっそり見なおした。が、やはりそれはまぎれもない「五十点券」だった。なぜそれがそこに落ちていたのかはわからない。しかし千載一遇のチャンスだと思ったぼくは、そっと周りを見ながらそれを足で踏んづけて隠し、それから足もとをなおすふりをしてかがむと、だれにもわからないようにこっそりこの「五十点券」を拾いあげたのである。そのあとは、「当たったぞー！」といって、あたかも自分がキャラメルを買って「五十点券」をあてたかのようにみんなに吹聴した。みんなはぼくがキャラメルを買ってあてたと思っただろう。こうしてぼくは初めての自分だけの本を、カバヤキャラメルの拾った「五十点券」で手に入れたのである。

カバヤ文庫は本を選ばせてくれる。で、そのときぼくは何を思ったか『ノートルダムのせむし男』（ヴィクトール・ユーゴー）という題の本を選んだ。なぜこの本だったのか。「ノートルダム」寺院と「せむし男」という奇妙な本の題名に魅かれたかもしれない。いまから思えば、聖なるものと醜いものの対比に子どもながら「おや？」と思ったのかもしれない。この本にはきっとさまざまな問題が含まれているだろう、というようなことを子どもながらに直感したのかもしれない。

物語は、パリのノートルダム寺院に拾われて育てられた醜い鐘つき男が、美しいジプシーの少女に恋をするというもので、少女の方は他の伊達男を好きになって捨てられ、結局二人とも死ぬという悲しい話である。醜いせむし男といわゆるジプシーの少女、二人とも社会的に差別された者である。日本ではストレートにこういう主人公は小説に出てこないのではないか。当時のぼくはそう思った。ジプシーというのはヨーロッパの社会に定住できず移動していくので社会の差別の対象であり、男の方はせむしでその容貌が醜いということで差別の対象になっているわけである。ヨーロッパやアメリカにはこういう形での差別が顕著に存在していた、ということをこの本は伝えているのだと思った。それとキリスト教の権威の象徴であるノートルダムの大聖堂。社会のおちこぼれとキリスト教の権威の聖堂。この対比には差別との闘いのようなものが込められているのではないか、そのときこのような言葉で考えたわけではなかったが、子ども心にそんな漠然とした直感があった。

この直感に導かれるようにして、この初めての自分の本『ノートルダムのせむし男』を、ぼくは何度も何度もくり返し読んだ。読んだら何か理解できるかと思ったが、読めば読むほどますますわからなくなった。ぼくがいる世界とあまりに違いすぎていて、実感できないのだ。ぼくは、日本人には背むし男の話はわからないかもしれない、ヨーロッパの文化の中にいる人しかわからないかもしれないと、そのとき思った。あと知恵で言えば、これがぼくがヨーロッパという他者に初めて触れた瞬間だったともいえる。

ともかく『ノートルダムのせむし男』は、ぼくにとってはぼくだけの初めての忘れられない本であった。そして、このぼくの初めての本を、何度も読んでから最後には学校のクラスの図書室に寄付した。だが、クラスでは誰もそんなものは読もうとしなかったので、ぼくは少しがっかりした。

　このカバヤ文庫から数年たつと、長兄が肺を病んで高校を一年休学し入院したので、その病室に兄が持ち込んだ多数の文学書が、ぼくのほうに流れてきた。まもなく兄たちが大学に進学したあとには、二人の本が洪水のようにぼくの家に送られてくるようになったので、いままで本のなかった家に、一挙に本が入り込み始めた。ぼくはそれらを、むさぼり読んだ。その意味では中学生のぼくは、兄たちと同じ本をわずかの時間差でほとんど読んだことになる。兄たちが送ってくる本は、主に現代思潮社などの思想書（当時の日本におけるあらゆる思想が集約されていた）の類だった。少年時代のぼくは、はじめから時代の先端の思想書で育つことになったのである。

　ずっとのちになってからのことだが、あまりに兄たちが家に持ち込む本が多くなり、またぼく自身も大学にはいってからは読み終えた本を家に送っていたので、ついに家の二階が本の重みで壊れるのではないかというほどになった。本は何冊も重なるとめちゃくちゃ重くなる。ちなみに名古屋大学の文学部はコンクリートの建物だが、人がいない深夜には、文学部中の本の重みで建物が毎晩ギーギーと不気味に鳴っていた。大学闘争のころ文学部に寝泊りして、その本の重みでコンクリートがきしむ音を毎晩のように聞いたものだ。

　親父は国鉄を退職すると、その退職金で恵那峡にほど近いところに庭付きの小さな家を買った。すぐ横を中央線の線路が走っている場所で、春にはその土手につくしが一面にはえた。そしてその庭に新たに二部屋の書庫を建てると、家を傾けさせていたぼくたちの本を全部そこに収めたのである。それで恵那の家はあやうく壊れずにすむことになった。書庫の横には親父がアケビの棚を作って、山の中から採ってきたアケビの蔓を這わせていた。

小学校の空疎な「民主的」教師たち

「戦争はいけない」、「原爆はいけない」、と小学校の教師たちはいつもぼくたちに言っていた。だが、なぜ戦争がいけないのか、原爆がなぜ二回も日本に落とされねばならなかったのか、といった肝腎の中身については、ぼくたちに何も語らなかった。彼らは何でも知ったかぶりをしていたが、本当は何も知らなかったか、知っていても子どもに教えたくなかったのかのどちらかだった。何も知らなかったということも十分ありうる。知っていても教えたくなかったとしたら、本当のことを考え出すと自分の手に負えないことがうすうすわかっていたからだと思う。

彼らは自分の頭で考えることをしなかった。ただ、「戦争はいけない」、「ソ連は正しい」といった、共産党の上部から指示された紋切り型の言葉をくり返すだけだった。子どもが何を考え何に疑問を持っているか、ということは、彼らにはなんの関心もなかった。

「原爆はいけない」と彼らは言ったが、広島と長崎に落とされた原爆のことでも、きちんと考えていけば、日本人の被爆者だけでなく、在日朝鮮人や中国人の被爆者もいるはずである。そのことを考えたら、被爆した彼らがその後どうなったか、それを日本人のぼくたちはどう背負うのかという、こちら側につき刺さる問題になっていくはずである。日本人が唯一の原爆被害者であるなどということは決してない。しかし、この教師たちにはそんなことは見えなかったし考えることもできなかった。ただ、ぼく自身も、河合塾に来て広島校に授業に行くようになってから、教え子から、自分の家にむかし朝鮮半島から来たお手伝いさんがいて彼女も被爆した、という話を聞いたりすることのなかで、具体的にさまざまな被爆者のことを考えるようになった。

また、そういうことを考え続けていけば、長崎の浦上天主堂になぜ原爆が落ち、キリスト教徒が殺されねばならなかったか、という問題も考えねばならなくなってくる。江戸初期の一六三七年に、島原藩、天草藩の厳しい取立てとキリシタン禁令に対し、天草四郎を筆頭にする一揆軍が反乱を起した。その反乱軍には敬虔なカトリック信者だけでなく、ごろつきや罪人など多様な人間が集まったという。そういう多様性、懐の深さこそが厳しいキリスト教禁止令のなか、隠れキリシタンが地下で信仰を守る支えとなった。彼らは長崎を逃れて、長崎から沖縄のあいだの小さな島々に移動し、そこで苦労しながら二五〇年間ものあいだ地下で信仰を守ったと言われる。

この地域には黒島ほか、小さな島々に点々と三十もの教会がある。それらの小さな教会群の中心が長崎の浦上天主堂である。一九四五年夏、そこに原爆は落とされたのだ。天主堂のミサに出ていた人々は全員即死、この原爆のために長崎では七万人以上の死者が出たという。にもかかわらず長崎では、広島とは違って原爆ドームも被爆の遺構も残すことができなかった。そこには当時の長崎市長を通して、キリスト教信者まで殺した原爆の被害の遺構を絶対作らせないという加害者のアメリカの強い意向が働いたと言われている。

そうした現実のさまざまなやっかいなことを、当然この教師たちは考えるだけのセンスも能力もなかった。だから「原爆はいけない」という紋切り型のことしか言えなかった。答えはひとつ、といつも彼らは単純に思っていた。おそらく彼らは、「民主主義教育」、「民主主義教育」と言っていたが、民主主義が何であるかも教育が何であるかもきちんと考えたことがなかったと思う。それどころか、子どもたちに本当はきちんと勉強を教える気もなかったと思う。

ぼくたちのこの革新系の教師たちは、テストの答えは必ず一つだけ正しい答えがあると単純に思っていたし、共産党の上部から出たものは何でも正しいと思っていて、それに従うだけだった。社会主義を信じる彼ら教師たちにとっては、いつも正解は一つであり、なお悪いことに、彼らにとっては、日本が当時のソ連のようになるということが唯一の目標であり、唯一の答えであった。だから授業では、「人を殺すのはいけない」と言いながら、「ソ連がアメリカの人びとを殺すのは正しい」「ソ連の原爆は良い原爆」というような奇妙なことを平気で言ったりした。その頃は、彼らにとってはソ連のやることは何でも正しかったのである。子ども心にも、そんなバカなことがあるか、とぼくは思った。こうしたことが重なって、ぼくの中の彼ら「民主的」教師への不信はますます膨らんでいった。

そうした不信も手伝って、ぼくは授業中に先生がちょっと間違えたりすると、「それは違うじゃないか」とすぐに指摘するようになった。教師の立てる方針がたいていばかばかしいので、それをわざと破るようなことばかりを、ぼくは言ったりやったりしたのだ。教師にとっては、ぼくは生意気で扱いにくい子どもだっただろうと思う。

教育とは間違うことに思いを馳せること

たとえばテストで子どもがどこで間違うか、子どもたちのその間違いにどんな意味があるか、子どもにはどんな多様な間違い方があり、その間違いがどのような構造になっているのか、などをこの教師たちは考えてもいなかったし、考えるつもりもなかった。そもそも、テストの答えを間違うことの意味について、正面から考えるということができなかったのである。

ぼくは、教育の一番大事なところは、子どもの間違い方をどう捉えるか、というところにあると思う。人間はいいこともやるし悪いこともやるし、失敗もする。そういう幅で人間を見ることが大事で、子どものテストの答の出し方、間違い方にも幅があり、そうしたさまざまな間違い方の背後に何があるのかを教師は常に考えていかねばならないと思う。つまり、間違いのなかにこそ、子どもの可能性が隠れている、ということだ。ぼく自身も、子どものときに、テストで何を問われているのかがわからなかったり、読み間違ったりしたことが何度かある。というより、そういうことのほうが多かった。それは生きている子どもにとってあたりまえのことである。学校のテストの形とは関係ないところを、子どもは生きているのだ。

そこを見ないで、ただ形式的に一つの正解だけを拾って、あとは間違いだということで切り捨てるなら、それは教育とはよべないだろう。子どもたちの間違いに注意して、なぜそんな間違いが起きるのかを考えることからしか教育は始まらないのだ。子どもたちの中で動いているもの、言葉にまだならない前の疑問や思いに目をむけ、それを汲み上げ、そこから彼らの可能性を彼ら自身で掘り出せるようにする。それを手助けするのが、本来の教育であり、教師の役割である。ぼくの柄ではないが、むかし読んだ林竹二から学ぶとするなら、そうやって子どもに自力で自分の力を引き出す手伝いをすることが、人間の中にあるソクラテス的な善、つまり何かを学びたいという、人間のもともとある自然な欲求を育てることになるのだ。

だから試験の採点の仕方も、機械的に一本に絞らず、間違いの意味を考えて、子どもを個別にほめてその内面から勉強を理解させていくことが大事。テストの採点に限って考えてみると、生徒が間違えやすいところや陥りやすいところをただ指摘して、だめだ、ということでいまのように採点するのではだめだということだ。それでは何も地平は開けない。その問題のどこに生徒が足をすくわれたか、何を迷ったか、どこに引っかかったか、をまず見ることが大事である。そのうえで、たとえ正しい解答でなくても、彼の答案への向き合い方や取り組み方がどんなものであったか、個性が出ているか、面白いことを考えているか、などをこちらで見取って、そこに加点することも必要になるのではないか。そういう採点になると、子どものほうも自分の勉強の捉え方が違ってくる。たとえば、間違っていても、問われたことの本質が理解されている場合は、加点があってもいいのではないかということであり、その加点が子ども自身にものを考えさせることになるのだ。

しかし、こうしたきめ細かい採点が可能になるためには、教師が生徒にどう向き合うか、彼らの成長にどう責任感を持って教えるか、ということが問われてくる。生徒がどのようにものを考え、みずからを成長させようとしてきたか、ということが見えていなければ、柔軟な採点はできないし、そもそも教育ができないのである。かれらの生の声や姿に思いを寄せられず、表面的なところだけで関わり、授業をやるというような形では、もはやことは進まないだろう。入試問題や採点でいえば、◯か×かという分け方ではだめである。×のなかにも◯に転じる可能性がさまざまに含まれている。そこを見て子どもの力を引き出さなくてはいけない。結局何事も現実は多様であり、その多様性をそのまま引き受けて考えていかねばならないということだ。

勉強を教えなかった野球部の古山先生

こうした革新系の教師たちの中にあって、小学三年の時の古山先生はまったく違っていた。彼は、野球を教えてくれたが、野球ばかりで勉強はまったく教えてくれなかった。そのかわり日共系の革新的な教師が言うようなバカなことも言わなかった。その当時、戦後のどさくさにまぎれて教師になった人には、彼のような学校も出ていないような、したがって子どもに勉強も教えられないような、そんな教師も一方で大勢いたのである。

彼はぼくたちに野球をやらせておいて、ぼくたちを見てやっているふりをして、そのあいだに校庭の隅で好きな女の先生と話ばかりしていた。話に夢中になってぼくたちの野球をまったく見ていないこともあった。古山先生はぼくたちに野球をやらせておいて、その横で女の先生と話をしているばかりだったので、「なんだ野球を見てやると言っておきながら、女の先生と話したいだけじゃないか」とぼくは思った。だが、それもありかなとも思った。

彼が宿直の時には、野球部のぼくらはみんな先生に呼ばれて宿直室に遊びに行った。古山先生の家は米屋だったので、先生が家から米をこっそり持ってきて宿直室で炊いてくれた。それをその女の先生が塩おにぎりにしてくれて、みんなで食った。美味しかった。このときに古山先生から「タバコを吸ってみるか」と言われてタバコの初体験をしたり、大人の雑誌を読んだりという未知の刺激的な経験をいくつかした。だが、タバコよりも何よりも、おにぎりがうまかった。あの時代は、食い物を食えるということが、ぼくたちには重要だったのだ。

結局この古山先生の恋は成就しなかった。彼が好きだった女の先生は阿木川の奥から来ていたが、そちらに結婚する約束の人がいたということだった。コーチがこんなふうなので、ぼくたちの野球の方はたいしてうまくならなかった。だが、ぼくは小学六年生のときに、一度だけグランドの外に出て行くような大きなホームランを打ったことがある。ホームラン中のホームランで、あんなに飛んだことはなかった。その後ぼくたちは小学、中学と野球に明け暮れて、中学三年の時には二つの大会に勝って岐阜県の県大会に進んだ。しかし一回戦で岐阜の中学に大敗した。

古山先生のことは、彼が女の先生を好きになり、ぼくたちの野球を利用しながら一生懸命彼女に近づき、でも結局は失恋してしまったという、そのひとりの人間の不器用な姿が、なにか子どものぼくに感じさせるものがあって、忘れられない思い出になっている。

二宮金次郎を教えた西尾先生

古山先生のほかに印象に残っている先生に、小学六年のときの担任で西尾先生という人がいた。彼もその当時は日共に近い革新系の教師だった。ところが、ある日の彼の授業中に発したぼくの批判的な質問（残念ながら肝腎のこの質問の中身をぼくは覚えていない）に対して、何を思ったか彼は「わかった」とぼくに答えると、次の授業の時には戦前の「修身」の教科書を持ってきて、それをぼくたちに教え始めた。その教科書には、二宮金次郎が薪を背負って勉強した話などが出ていた。

この五〇年代の民主主義教育のさかんな時期、しかも日教組の「恵那方式」の中心の恵那で、戦前の「修身」の教科書を教えるなどということはありえないことである。もちろん時代錯誤のことでもある。そのことが知られれば、彼自身の地位も危なかっただろう。だが、彼はそれをあえてやった。ぼくはその西尾さんの授業が、嘘くさい民主主義の授業よりずっと面白いと思った。民主的な教師に、二宮尊徳を批判できるのかと思った。

要するに、たとえ「修身」という儒教主義的な忠孝精神に基づく戦前のイデオロギーによって書かれたものであろうと、ひとりの人間が貧しいなかで家族を助けながら必死に勉強したということの意味は、時代に関係なく普遍的なものだということである。自分個人を越えて、家族やほかの人のために仕事をし勉強するということは、人として大事なことである、そうぼくは感じた。人間が存在するときは、個人だけではなく、その人を囲む全体のエネルギーの中にいる。山の木を見る、木の枝を伐るということも自分だけでなく、全体の命を守ることである。二宮金次郎が薪を背負っているのは、山を世話しているという意味でも大事なことだと思った。ぼくのクラスの子どもたちはみんな、いまさら二宮なんか習っても仕方がないという態度をとっていたが、ぼくには身に沁みた。

こうした二宮的なあり方で考えるとき、単に個人主義がよいという近代的な日共的な直線的な考えでなく、もっと広い幅が出てくる。日共の民主主義教育も戦前の二宮尊徳もどちらも取り入れた上でそれを越えていくことが大事だ。本当は勉強ができる子だって、薪を運んで勉強してもいいはずだ。ぼくの兄たちはそんなことは考えなかったしやりそうもなかったが、彼らだって本当はそうしていいはずだった。

西尾先生が戦前の修身の教科書を持ち出し、二宮金次郎のことを教えてくれたお蔭で、ぼくは全く違う角度からものを考えることができるようになったと思う。勉強のできる兄たちが二人もいたので、実はぼくの心には学校の成績のことが知らないうちに重くのしかかっていた。ぼくは学校や教師に反発しながらも、兄たちのように勉強ができるようにならなければいけない、良い成績を取らなければいけない、という強迫観念のようなものに無意識のうちに苛まれていたのである。

だが、勉強だけではない、もっと大事なことがあるということを、西尾先生がぼくに気づかせてくれたのである。彼は勉強のできる田舎の進歩的なおじさんに過ぎなかったが、ぼくの出した批判や問題をまじめに受けとめて、一生懸命考えた末に「修身」の教科書を持ってきてぼくたちに二宮金次郎を教えた。そのことに、子どもの言ったことだからといっていい加減に流さないで、人間としてきちんと向き合う、そういう大人の誠実さのようなものを感じた。ほかの「民主的な」教師にはないものだった。

二宮金次郎の話は、ひょっとしたら戦前の道徳の古い話ではなくて、新しい話かもしれない、もっといろんな次元で考えられるんじゃないか。自然の中に人間がいて、自然を大切にすることが自然も人間も生かすことになること、人間が生きている地球のうえでは、人間だけでなくいろいろな生き物がいて、人間と他の生き物の調和できる環境のことを考えねばならないこと。

何か目標を設置したら、その目標に向かって一番近い道をまっしぐらに行くという近代のやり方ではなく、本当は、目標があってもそこへ直線で行くのではなく、ぶらぶらと寄り道をした方が面白いかもしれない。その方が周辺の木や花やさまざまなものが目に留まる。ぼくは二宮金次郎の話を聞いて、「そうか、そういうこともありうるのか」という深い衝撃を受けた。これによって、良い成績に向かってひた走るような学校中心の、つまり兄貴たちの成績中心の公式を、ぼくは抜けることができたのである。ぼくも知らないうちにその公式に深くとらわれていたわけである。

余談だが、ぼくはこの先生になにかを感じていて、恵那よりももっと山奥に入った先生の三郷《みさと》、佐々良木《さざらぎ》の家まで遊びに行ったことがある。なぜそんなことを思いついたのだろう。先生の家に行くということは、ぼくにしては珍しいことだった。バスに乗って西尾さんの家のある佐々良木まで行ったら、そこは大きな田舎の家で、庭も畑もきちんと整えられていた。庭や畑の世話の仕方がいかにも律儀で西尾さんらしいと、子ども心に思ったことを覚えている。西尾さんは、ぼくを見ると、「おう、お前来たのか」と言って、一人でバスに乗ってきたぼくを歓迎してくれた。

東京オリンピックに出た同級生の笠木のこと

西尾先生の家のある三郷の佐々良木は山の麓で、周りは山ばかりだが、その近くにぼくの高校時代の友人の笠木の家があった。彼は運動能力がきわめて高く、はじめは陸上をやっていたが、東京教育大から恵那高にきた体育の教師に見出されて、シングルスカル（一人こぎボート）をやるようになった。恵那には大井ダムでせき止めた恵那峡があるので、ボートの練習に向いているのだ。そして彼は高校生でとうとう日本のシングルスカルのチャンピオンになった。それで、地元の三郷村の人々にもてはやされて、祭りでは酒をどんどん飲まされたりしたという。村をあげてチャンピオンを祝ったのだ。

そして一九六四年の東京オリンピックに、笠木はシングルスカルの競技で出場することになった。三郷の村の人々も地元からオリンピック選手が出るということで興奮した。ぼくたちもテレビで笠木を応援した。しかし、東京オリンピックではこのシングルスカルにヨーロッパの強豪が集まり、彼は全く勝てなかった。はじめから彼は強豪の敵ではなかったのである。競技のはじめの「よーいドン」、の「ドン！」のときだけボートをこぐ笠木の姿がテレビに映ったが、あとは全く映らなかった。ぼくたちがテレビの前ではらはらして見守っていると、一人だけすごく遅れてゴールに帰ってくる笠木がいた。それ以後、三郷で彼は「なぜオリンピックに負けたか」などと言われたらしい。自分の村でちやほやされたあと、今度はいきなり落とされた彼の内心はどういうものだったのだろうか。

ぼくは、中学生のときに、当時他の中学にいた笠木と一緒に四〇〇メートル走の陸上競技で走ったことがある。ぼくは中学生にしてはその頃背が高く、足も速かった。途中の三〇〇メートルまではぼくが先頭を走り、笠木はその後ろでぼくを追って走っていた。しかし三〇〇メートルをすぎると、彼はいきなりぼくを追い抜き、そのまま残りの一〇〇メートルにラストスパートをかけ、余裕で走りぬいて一位になってしまった。悔しいことに、ぼくはまったく歯が立たなかったのである。そのときからぼくは笠木のことをひそかに注目していた。

恵那高に入学すると笠木もいた。そして、彼とぼくは一緒のクラスになり、背の高い順でクラスの席が決まっていたので、ぼくの近くが笠木の席になった。笠木は背が高く一メートル八〇センチ以上あった。それから彼とは親しく口を利くようになった。日共系の教師たちのせいで、ぼくがクラスでひとり孤立させられたときも、彼はいつもぼくのそばにいてくれた。そういう律儀な奴だった。

三郷の西尾先生の家の近くに笠木の家があったということの意味を、ぼくはときどき考える。この偶然は、神のようなものが西尾先生と笠木をぼくに会わせてくれたのではないか、と思わせるのだ。西尾先生と笠木は、三郷の佐々良木という村で暮らし、同じ環境、同じ心的構造を持っているが、この地には何か地霊みたいなものが生きていて、それと共振して彼らのような人間ができるのではないか。

西尾先生は、何の意味を持っているかを語らずに二宮金次郎のことをぼくらに話した。道徳的なことは何もいわなかった。ただ、薪を担いで勉強した、というその一点だけを話した。三郷の人たちは、自分しかできないことはきちんと自分が責任を持ってやる、というところがあった。

笠木も西尾先生もそこは同じだった。

三郷には段々畑があり、そこは石組みで段々畑を支えていた。山の斜面の小さな段々畑のために石組みをして、黙ってその小さな畑を耕す三郷の人たちのことをぼくは思った。

「黒子に徹しろ」と言った親父

親父は国鉄のまじめな職員で忠実な国労の組合員でもあった。国労（国鉄労働組合）で社会党系だった。恵那には恵那高はじめ共産党系の人間が多かったので、それには負けたくないと、当時の国鉄中津川駅の職員は思っていた。中津川駅にも共産党系の人間はいたが、社会党系に押されて水面下でこそこそやっていたのだ。

親父は、先述したように、中津川の奥の落合川の生まれで、小学校しか出ていなかった。戦前は落合川にはろくな小学校すらなく、中学校に行く人はいなかったので、それが普通のことだった。そのころのこの地方で学歴で一番高いのは、男子なら旧制恵那中（現恵那高）に行くこと、女子なら中津川高女に行くことだった。母の方はこの中津川高女を出ている。

親父は国鉄に入ると、その国鉄の中にある学校では、ずっと成績優秀で一番を通した。そのために、ぼくが子どもだった頃、学校で最優秀者だけがもらえるという国鉄の判が押された大きな辞書が家に置いてあった。ぼくがこの辞書をわからないながらに読んだのは、前述したとおりである。父の国鉄での勤務先は中津川駅だった。結婚前は落合川から中津川駅に通い、母と結婚して恵那の母の家に入ってからは、恵那から中津川に通っていた。そうやって五〇年近くずっと同じところを動かずに働いた。国鉄では栄転してよその土地に行き官舎に入るという仕組みがあったが、親父は恵那の家を移りたくないばかりに、出世を拒否していたのである。責任感の強い頭のよい人間なので、その気になればどれだけでも出世できたのだろうと思うが、彼は転勤したくなかったのだ。「なんで移らないの?」と聞いたら、「移ったらお前たちも移らなくちゃいけないんだよ」と親父が言ったことがある。勉強のできる長男や次男を転校させたくない、ということも理由の一つだったかもしれない。

親父は中央線ひとすじだった。中津川駅で朝の四時ごろの始発の貨物列車を動かしてから一日中ずっと働いて夜に勤務を終えると、翌日の休みにぼくらが学校に行っているあいだに恵那の家に帰って来ていた。ぼくらが学校から帰ると、寝床から親父が起き出して来て、みんなで夕飯を一緒に食べる、そして翌日はまた中津川駅の勤務にもどる、という日常だった。親父は、中津川駅の貨物列車に対しては全的な責任を持っていた。人の命に関わることには責任を取っていて、自分の仕事は完璧にやった。だから親父の時には貨物列車の事故も失敗も一度もなかった。彼は家族だけでなく、ほかの人々の命も守ったのである。

親父は、あるとき線路脇の空き地に畑を作った。恵那の長国寺《ちょうこくじ》をちょっと上った所、美乃坂本《みのさかもと》に抜ける大井トンネルの手前に国鉄の細長い空き地があった。国鉄に、だれも使わないので畑をやってもよい、という了解を取った父は、そこを段組をして畑を作った。兄弟の中でぼくだけがその畑を手伝った。家は大井の町中にあり、祖父は大工だったので、農業とはそれまで縁がなかった。だから、農業のことは親父もそんなにわからなかったはずで、立派な収穫はなかった気がする。兄貴たちは勉強ばかりで畑を手伝うなどという発想はそもそもなかったし、弟は木のかけらで家や飛行機などを作るのに夢中だったので、三男のぼくだけが親父の畑を手伝うことになったのだ。

畑を手伝っているときに親父から、「ほかの人のやりたくないことをやれ。黒子になれ」と言われた。「黒子って何なの？」と聞いたら、「ほかの人に見えないところでほかの人が困っていることをすることだよ」と教えてくれた。「学校のトイレの掃除なんかをやれ」とも言われた。それからぼくは、親父に言われた通り、黒子に徹して頑張ろうと思った。学校のトイレの掃除をだれよりもきれいにやったりして、「ぼくは、総理大臣ではなく掃除大臣である」などとみんなに言っていた。

天気のよい学校の休みの日には、ぼくは毎週友だちと釣りに行っていた。恵那の隣の美乃坂本のひょうたん池というため池が、ぼくらの釣り場だった。そこまで釣竿を持ってえんえん田舎道を歩いて行くのだ。あんまり魚は釣れなかった。一度ぼくはそこで亀を釣ったことがある。

釣りの帰り道には時々うれしいことがあった。「何時ごろ待っていろ」と親父に言われて、みんなで線路の脇で列車が来るのを待っていると、走ってきた列車から親父がキャラメルや饅頭をぼくたちに投げてくれることがあったのだ。それをみんなで大騒ぎして拾って、わいわい言いながら分けて食べた。菓子を食べる機会はそんなになかったので、それはぼくたちにとってはほとんど一つの事件だった。親父は、自分の僅かな小遣いの中からぼくたちのために菓子を買って投げてくれたのだ。そういうやさしいところがあった。また、釣りの帰り、ひまなときには駅もないところでも貨車を止めて乗せてくれることがあった。あるときは、機関車の運転手のいる機関室にも乗せてもらったし、貨車の最後尾のところにも乗せてもらった。子どものときは遠くに行ったことがないので、貨車に乗るというのはぼくにとっては特別なことだった。

恵那山の西の麓に恵那神社がある。天照大神の胞衣《えな》（へその緒）を納めた神社だという言い伝えのある古い神社で、本宮は麓にあったが、その奥宮は標高二千メートルの恵那山頂にある。その恵那神社に、親父は中津川駅の仕事の帰りなどにバイクでときどき行っていた。そして秋になると、マツタケやきのこをたくさん採って帰ってきた。だが、それだけでなく、その神社の付近にぽつぽつと戦争未亡人の家が数件あり、困っている未亡人がいると、その家のことを手伝ってあげたりしたらしい。戦後すぐのそのころは、まだ戦争未亡人が多く、父はそうした人の子どもの就職の世話も、結婚の世話も保証人になってやっていた。また、家の修理も畑の世話も、困っている家ではなんでもやってあげていた。彼こそ、黒子に徹していたのである。

お袋は、そうやって親父があちこちの未亡人の家を助けることについて、特に何も言わなかった。戦争のためにそこの主人を徴兵でとられて亡くしてしまった以上、助けるのはあたりまえだと思っていたのだろう。ずっと後になって、親父が亡くなったときには、会ったこともない知らない老婦人が何人も長国寺の葬式に来ていた。きっと親父が昔助けてあげた人たちだろうなと、そのときぼくは思った。ひょっとしたらその中に本当は親父の好きな女性がいたのではないか。そんなことも葬式のときには勝手に考えたりした。子どもの時には思いつかなかったことだ。

人間だけでなく、動物にも親父はやさしかった。長野県の山奥のおじいさんが、山にしかいない珍しい鳥の卵を親父のところに届けてくれると、親父はそれを箱に入れて電球で暖めて雛に孵してやったりした。また鳥の雛が飛べずに地面に落ちているのを見ると、拾って面倒をみてやった。ひばりの子などは餌をくれる親父を完全に親鳥と信じて、親父のあとをついてよちよちと歩き、彼のそばで遊んでいたりした。そして鳥がちゃんと育つと空に返してやるのだった。

親父は何でもできたので、竹を磨いて鳥かごも作った。鳥かごの竹は、古い家を壊したときに屋根の中に入っていた竹を使う。囲炉裏の火で燻されて艶の出た強い竹になっているので、それがいいとのことだった。その鳥かごが恵那の鳥かごコンクールで一位を取ったこともある。ひばりの鳥かごは、ひばりが高く飛びたがるということで、高く飛べるように籠そのものがずいぶん高い、上に細長い鳥かごを作ったりした。鳥を狙うので、「猫だけは許せん」と言っていたが、生き物に対しては心の優しい父親だった。盆栽なども、山から自分で木や草を採ってきて、それをあしらって親父にしかできない盆栽をいくつも作っていた。

マツタケ狩りの魔力

親父はマツタケをとるのもうまかった。恵那の周りは山に囲まれているので、秋になると親父はいつも山からマツタケをとって戻ってくる。だが、マツタケをとるのはなかなか難しく、大井の町でも親父のほかにマツタケ狩りの名人と言われる人は二、三人しかいなかった。マツタケをとって儲けようと考える人や、自分だけで独り占めにして食おうという人には、マツタケはなかなかとれないという。邪心があってはダメなのだ。

ぼくも親父について何度か一緒にマツタケをとりに山の中に入ったことがある。マツタケは外からは見えないので素人にはなかなかとれない。赤松の根もとの松葉の下などに少しだけ盛り上がっているところを見つけて手で中を探ると二、三センチ頭を出しているのがあったりする。それが良いマツタケである。すでに外からもはっきり形が見えて、きのこの笠が大きく開いたのは味が落ちるのでだめで、地中から少しだけ出ているのが良い。ひとつ見つかれば、シロといって地中で円形状に菌糸がつながっているので、そのあたりには探せばまだあることになる。親父は、マツタケをとるときは、とったマツタケを少しだけ微妙に振っていた。そうやって次の年のために菌をあたりに散らしておくのだという。むやみやたらにとらないで、マツタケのあとの生育と自然との循環を考えているのだ。

ぼくは親父についてマツタケをとりに山に行くのだが、あるところまで行くと、「お前はその辺で自分でとっていろ」と言って親父は突然ぼくを見捨てて、ひとりでザーッと山の中にはいって行ってしまう。ひとり残されたぼくは茫然とするのだが、マツタケをとる場所というのは、自分の子どもにも教えられない、それほどにも大事な秘密の場所だということである。

親父自身も、昔マツタケ狩りに行って彼の兄に山の途中で見捨てられたという。親父の兄が戦争に行く前に、一緒に山に入って遺言代わりのようにしてマツタケのとれる場所を教えてもらうはずだったのに、いざとなると、やはり途中から兄が親父を置き去りにしてひとりでさっさと山の中に消えて行ってしまったという。マツタケをとる場所というのは、だれにも伝えてはいけない何か魔力のようなものがあったのか。ぼくは、親父に見捨てられて、マツタケがなかなかとれないので、他のきのこをとっていた。親父はぼくのとったようなきのこは「とれるけどとりたくないんだ」と言ってとらなかった。親父にとって、何かマツタケには独特の魅力があったのだろう。

親父は東南に位置する恵那山の麓の恵那神社の方にマツタケをとりに行っていただけでなく、北の蛭川村のほうにも行っていた。この辺はあまり開発されていないので、今でもマツタケがとれるはずだが、とれる場所を秘密にしたままとっていた人がみんな死んでいくので、なかなかとれなくなった。また昔は家の燃料や肥料などに松葉や枝を拾ったりしていたが、いまはそれをしなくなって山がうち捨てられたままなので、マツタケが生える環境も整わなくなってきている。

いのだ。

大気も汚染されている。マツタケにはまだわかっていないことが多すぎて、人工では培養できな

ある時お袋が新幹線に乗って東京の兄のところに行くとき、車中で弁当を広げて親父のとってきたマツタケを炊いたのを食べ始めたら、そのにおいで車中の乗客がみんなびっくりして振り返ったということだ。「匂いマツタケ、味しめじ」というくらいマツタケの匂いは強い。家ではマツタケは親父がとってくるので、高価でもなんでもない秋の食べものにすぎなかったが、新幹線車内ではあの高価なマツタケを食べているのはだれだ、ということになったと、お袋は笑っていた。だが、親父が死んでからは恵那の実家でもマツタケを食べることはなくなった。

いまでは国産のマツタケは非常に貴重なものになり、異様な高値で売られるようになってしまったが、親父がこのことを知ったらなんと思うだろうか。

彼が好きだったのは、草や木や鳥などの自然のものと、学校の勉強だったと思う。頭が良かったので、本当はもっと上の学校に行って勉強がしたかったにちがいない。自分は小学校までしか行けず、そのあと国鉄に入ったので学校でそれ以上勉強することができなかったが、それでも愚痴は言わなかった。だから、自分の子どもたちやよその未亡人の子どもたちをみんな、ちゃんと学校に行かせて勉強させたいと思ったのではないか。字も非常にうまかった。親父からは、自然の言うことに耳を傾けること、とくに自然に対して節度を持ってふるまうことを教えられた気がする。

ぼくの中では、西尾さんと親父は重なっているところがある。西尾さんも、けんかを売らない、自己主張をしない、おとなしい先生だったが、二宮尊徳の話でも、道徳のことはまったく言わず、頑張ればみんなもうちょっと幸せになれる、ということだけ言っていた。彼もある種の黒子だったと思う。

父のその父、ぼくの外の祖父は、日露戦争に行って旅順の二〇三高地で戦って、多くの死者が出た中、なんとか生き延びて帰ってきた人だ。足が強くて体の強い人で、二〇三高地に一番乗りで上ったと本人は言っていた。だが、軍隊にはいって白米ばかり食べていたので、脚気になったとも言った。彼ははしっこかったので激戦区の二〇三高地で、死んだ日本兵の下に隠れてロシア兵の銃弾に当たらず生き残ったとのことだった。親父はこの祖父の子であるが、性格はずいぶん違う気がする。

親父は、鉄道一筋だったので飛行機に乗ったことはなかった。あるときぼくが恵那の商店街の歳末のくじを引いて、飛行機で北陸まで行けるという賞品が当たった。ぼくは昔からくじ運が強い。それで、親父はその当たりくじで初めて飛行機に乗ることができた。「飛行機はすごいなあ」と、帰ってきてから彼はしきりに感心していた。列車を動かしている人間から見ると、何か感じるところがあったらしい。ぼくが親父にできた数少ない親孝行の一つだ。

成績優秀だった兄たち

ぼくの兄貴たちはめちゃくちゃ勉強ができた。ちなみに、彼らは自分のために勉強したが、ほかの人のために一生懸命何かをやろうとはしなかったと思う。ぼくの親父は、ぼくに「黒子に徹しろ」と言ったが、兄貴たちには、彼もそんなことは言わなかったし、彼らもそんなことはまったく考えなかった。まあ彼らは彼らでやるようにやっているのでいいのではないか、そんなふうにぼくは思っていた。

彼らは頭も良かったが、何といっても人一倍努力家でよく勉強した。上の兄と下の兄は、二歳違いだが、上の兄が高校の時に肺結核で入院して一年休学したので、学校では一学年違いになっていた。長兄は、雨に降られて肺結核になったのだが、彼が一年間の休学から戻って高校三年になったとき、次兄は高校二年になっていた。この下の兄は、優秀なだけでなく猛烈な勉強家だったので、長兄も彼と一年違いの学年になって実はたいへんだったのではないかと思う。長兄は、万一自分が志望大学を受験して失敗して浪人したら、下の兄と同時期の受験になってしまうと思い、それだけは避けようと考えた。そして自分のもともとの志望大学を諦め、安全牌である名大に入っていった。翌年、次兄はあたりまえのように東大に入った。

次兄は、ともかく人の前で話すのがきらいで、恵那高の入試もそのために一位で合格しないように試験でわざと間違えたほどである。長兄が恵那高に一位で入って、入学式でみんなの前で新入生代表の挨拶をさせられたのを知っていたので、彼は入学試験でトップで入らないように細工をしたというわけだ。長兄の時には、恵那高の先生が、「入学試験で一位だったので入学式で挨拶してもらう」と家に言いにやってきた。次兄は、それを見ていて、自分のときに手を打ったのだ。それくらい人前で話すのが嫌いだった。人前で話すのが決して嫌いではない、どころか聞く人が多いほど調子が出てくるぼくとは、同じ兄弟でも全然違う。

しかし、彼は勉強のためにはいろいろ調べて手を尽くしたので、通信添削のZ会も自分で調べてきて入会した。そして、Z会では良い成績をとっても人前で挨拶する心配がないので、ともかく全力で試験を受けて優秀な成績を取った。英数国の三教科とも二段線を何回も突破して二段になった。これは現役では珍しいことで、浪人生では二段がいたが、現役ではいないということだった。この次兄の成績に触発されたのか、休学から学校に戻ったばかりの長兄もつられてあとからZ会に入り、元から頭が良かったのとまじめに勉強したのとで、すぐに全科目初段になった。次兄は、田舎にいても灘高や日比谷高なんかに負けるものかという強い意地があって猛烈に勉強したので、Z会の全国模試で上位三位以内に常にいた。

恵那高では、高二と高三に抜群の成績の牧野兄弟がいるということで有名だった。二人とも難しい数学の本などをやっていて、数学の教師も太刀打ちできなかったという。おそらく勉強していない教師のことなど歯牙にもかけていなかったのだろう。クラスでも二人は浮いた存在だったのではないか。あとで知ったが、恵那の牧野兄弟というのは、Z会でもその頃有名だったという。そのことは三〇年以上も後になって、一九九六年に河合塾とZ会が「日中韓の大学統一入試問題を考える――日本と中国と韓国を結ぶ衛星シンポジウム」という国際シンポジウムを共催することになったときに、Z会の社長から聞いてわかった。「あなたはあの牧野兄弟の一人か」と彼が言ったのだ。真偽のほどはわからないが、牧野兄弟のことがあってから、中津川から恵那、多治見の東濃地域の高校でZ会の会員が増えたということだった。余談になるが、ここから河合塾とZ会が組もうという話になって、「東大・京大即応オープン」を一緒にやるということに発展した。この「即応オープン」のパンフの冒頭で、Z会の数学主任の土師政雄さんとぼくが対談している。

長兄はまじめで誠実な性格で、勉強だけでなく社会を変革したいと考えていた。おそらく六〇年ごろの事なので革命のことも考えていたのではないか。彼は名大では理学部に入り、理論数学を選んだが、哲学と思想、そして恋と革命に深い情熱を持っていた。その頃名大の医学部にいた義姉と熱い恋愛をして互いに文通していた。後に二人は結婚して、彼女はぼくの義姉になったが、東京で眼科医をしている時に若くしてガンで亡くなってしまった。美しい人だった。

大学にはいって、始めは日本共産党のシンパだった長兄は、六〇年安保の頃から今度はブント（共産主義者同盟。日本共産党に対立する学生による前衛党）のシンパになって全学連主流派に移行する。だからマルクス主義の本やアナーキズムの本もよく読んでいた。彼が家に持ち込んだ本には、谷川雁、吉本隆明、清水幾太郎、黒田寛一、トロツキイ、フロイト、マルクス、レーニンなどがあった。このうちの多くは現代思潮社の本である。その頃の現代思潮社は、反・日共、反・岩波書店、反・良風美俗を標榜していて、当時どこの出版社も出さなかったサドやトロツキイやローザ・ルクセンブルクの本を出して、一躍有名になった出版社である。

兄が送ってきたこれらの本を、ぼくは全部読んだ。だから少年のとき、ぼくは現代思潮社の本で育ったといってもよい。また下の兄は、アナキスト系の本を多量に家に持ち込んでいた。幸徳秋水、大杉栄、辻潤、バクーニン、クロポトキンなど。それも中学から高校でぼくが読むことになった。そうでなくても小学生のときから日共系の教師とことごとくやりあっていたぼくは、これによってますます思想的に早熟になっていった。

ぼく自身も、兄貴たちがZ会の模試をやっているのを中学生のときに横でみていたので、高校になって早速Z会に入った。が、自分の好きな国語でうまくつぼにはまれば、非常に良い成績をとって初段になったりもしたが、兄貴たちのようにはいかなかった。ぼくは、試験問題に気分がのればときに非常に良い成績、のらなかったらごく普通の成績、というふうにいつも成績に波があった。これでは上の二人のように行くはずがなかった。

そのころ、成績優秀な兄貴たちの威光を背負ったぼくと一人こぎボートの全国チャンピオンだった笠木とは、高校では教師たちに一目置かれた存在になっていた。ただぼくの成績は兄たちのように目覚しいものにはならず、兄たちと同じような抜群の成績を教師に期待されていたぼくには、そのことが内心強いプレッシャーにもなっていた。学校だけではない。町の人たちも会うと、みんな兄貴たちのことばかり聞いてくるのである。「お兄さんは勉強ができたね」とか「お兄さんはもっとできたのに」とかそんな話ばかりだった。日共系の教師たちとの対決、兄たちの成績に対するコンプレックス、高校時代のぼくの屈折はいや増すばかりだった。

あるとき思いあまって下の兄に「試験で八〇点取るにはどうしたらいい？」と聞いたことがある。彼の答えは「二〇点分間違えればいいじゃないか」というふるったものだった。ぼくの、下からなんとか点を取ろうという発想に対して、彼は無邪気に上から発想してきたのだ。「これはダメだな」とぼくは悟った。兄たちのまねをしてもしょうがない、ぼくはぼくでいくしかない。だが、学校という場所にいる限り、兄貴たちの成績の問題は、意識するとしないとにかかわらずぼくについて回った。常に成績の良い兄たちと比べられるのは、なかなか苦痛のことだった。

ぼく自身は京大に行って学生運動をやろうと思っていた。が、浮き沈みのある成績もあって京大を諦めることになった。そのとたん、もうあとはどこの大学でもいいや、という感じで勉強をやる気を失った。そのために、逆に現役で名大すら落ちてしまうという破目になった。名大に入るのは一浪したあとである。

兄たちは、朝の四時から起きて勉強するというふうで、教科書や参考書に書かれていることはすべて暗記するような勉強人間だった。だが、同時に同じ勢いで革新系の新聞や本なども読んでいた。だから教師たちが、共産党の上からの指令をそのまま鵜呑みにして語ることなどははなから無視していたし、必要なときはすぐさまそれを論破した。「先生はそういうが、そんなことはアカハタにもマルクスにも書いてない」。「実際に書いてあるのはこういうことだ」というふうに実証的に反論したので、実は「アカハタ」もましてやマルクスの本も読んでいない教師たちは、兄たちに敗北せざるをえなかったのである。

兄たちは、学校で教師がどんなにつまらないことをえらそうに言ったかを、その日の夕飯時にいつも語った。またそれに対して自分がどういう論理でそれを突破したかという話も自慢げに話した。ので、ぼくは内心、「ほお、なるほど、そういうふうに反撃すればいいのか」と思って、ご飯を食べながら黙って兄たちの話を聞いていた。夕飯のときの兄たちの話を、ぼくは吸収し、学習したのである。そして、彼らのように勉強ができるということは、その時代の中心がわかるということだとも、なんとなく思ったりした。そして学校で教師が、つまらないことを言ったときには、すぐさま家で聞きかじった兄たちの論理を思い出して、それをそのまま展開して、「それは違うだろう」と教師を批判するようになった。

兄たちの成績、岐阜県の高校入試模擬試験で一位（長兄）とかZ会のテストで全国四位（次兄）とかいう成績は、その頃の恵那高校では有史始まって以来の出来事だと言われていた。ぼくが恵那高に入学した年は、ちょうど次兄が恵那高から初めて東大に入った年でもあり、入学式の校長の話でも兄の東大合格の話が出てくるというような有り様だった。そのためにぼくは、この優秀な兄たちの弟だということで学校から過剰な期待を抱かれ、そしてすぐにこの兄たちと自分との成績のギャップの現実を突きつけられることになった。こうして、この兄たちには高校時代にもぼくはさまざまな迷惑をこうむることになった。この兄たちからは、上からえらそうにものを言われたり、高校でいらぬ迷惑を蒙ったりして、ぼくのなかの彼らに対する思いは複雑だった。しかし教師との喧嘩の仕方を彼らから学んだのも確かなのである。

子ども時代の淡い恋——都会から転校してきた少女

ぼくの初恋は、幼稚園のときだ。岩村から恵那にHさんという背の高い女の子が越してきて、ぼくも背が高かったのでいつも同じ席の辺にすわっていた。その子のことが、特に可愛いとか頭が良いとかいう印象があったわけでもなかったが、とても気になっていた。それが初恋だといえばいえるだろう。彼女は、岩村の有名な老舗料亭が恵那駅のそばに新たに同じ名前の料理旅館を作ったときに、そこの娘として恵那に引っ越してきたのだ。

だが、ぼくが子ども時代に本格的に好きだったのは、Sさんである。小学六年のとき、恵那の郵便局長が代わった。中学になると、その娘がぼくたちの中学校に入ってきた。それがSさんであった。HさんといいSさんといい、どちらも外の町から恵那に引っ越してきた女の子である。彼女たちに魅かれたのは、おそらく顔が可愛いとかという外見的なことだけではなく、昔から恵那に住んでいた子どもたちとは何か違う文化を彼女たちが持っている、あるいはその生活の背後にぼくたちにわからないものを持っているということに対するぼくの一方的な憧れによっていたのだと思う。自分たちの近辺にはいなかった少女、ということが重要なのだ。

ぼくのSさんについての秘かな思い出は、小学校六年の時のものである。みんなで野球をやっていたときに、一度ボールが見知らぬ家の庭に入ってしまったことがあった。やむなくそこの庭にこっそり入っていって、ぼくがボールを拾ってくることになった。庭に入ってなんとかボールを拾い上げようとしたとき、突然目の前に白い足が見えた。家の人に見つかったと思って、驚いてその足を目で上にたどっていったら、彼女のきれいな顔があった。向こうも驚いていた。それはぼくには衝撃的な出会いだった。

そのときは彼女とは別の小学校だったので、彼女のことは何も知らなかった。ただそのときの彼女の顔が忘れられなかっただけである。後でそのSさんとは中学で一緒になった。その再会に驚いたが、そのはじめの出会いをぼくにしてはめずらしくだれにも言わずに、自分だけの秘密にしていた。彼女も、ぼくのことがわかってからも、そのことをだれにも話さなかった。そういう奥ゆかしいというか、何を考えているかわからない謎のようなところがぼくを引きつけたのだ。

Sさんは恵那の辺りにはいそうにない、いかにも都会からきた女の子らしい肌の白い垢抜けた美少女だった。勉強もよくできた。ぼくはいつも彼女のことが気になっていた。しかし何も言い出せなかった。中三の夏の祭りの夜、ぼくが外でバットの素振りをしていると、彼女とお母さんが祭りのほうに走っていくのが見えた。「あっSさんだ」と思っただけで声もかけられなかった。このときのSさんとお母さんが二人で祭りの方に走っていく姿が目に焼きついている。田舎では、母と娘が一緒に走っていくというようなことはなかったので新鮮だったのだ。彼女は、中三のときにお父さんの転勤で、また名古屋の方に帰ってしまった。中学時代の淡い恋の思い出である。

それから数年たってぼくが名大に入って、学生寮に入ったら、すぐその上が郵便局の官舎だった。そこにSさんの家族がいて再会することになった。それから何度か家に遊びに行くようになった。ぼくが恵那の田舎から名大に入ったので、Sさんの父親は、ぼくのことを前途有望だと思ったのか、いつも歓待してくれた。Sさんとの学生結婚を冗談でにおわすようなことさえ言った。自意識過剰なぼくには、Sさんもそれを受け入れているふうにも思えた。

だが、Sさんの父親の話を聞いているうちに、自分の将来の可能性が狭められていくような、なにか窒息するような気がしてきた。Sさんのことは好きだったが、この道はだめだ、Sさんに結婚を申しこむ道はだめだと勝手に一人で思い悩んだ。だが、辛くて「S！」と寮の三階から外にむかって叫んで泣いたこともあった。

その頃のぼくは、生物学者、数学者、Sさんとの結婚など、なりたいものややりたいものがいくつかあったのだが、そのどれもうまくいかず、順々に切っていくことになった。高校のときから好きだった数学の道もすでに諦めていた。自分の人生にはなんの展望もないと思えた。そしてもう一度はじめから自分の人生をよく考えねばいけないと思った。そのとき、中途半端という道もありうるのではないかということに気がついたのである。一つ一つのことを極めるとか丁寧に深くやることはできないかもしれないが、全体を知っていることの意味はあると思えたのだ。

中学で初めてのバリケードを築く

中学校の社会科にI先生という教師がいた。彼は、陸軍士官学校を出て、敗戦は九十九里浜の防衛の小隊長で迎えたということでいわゆる軍人だったが、戦後はそこから一八〇度転換して日共系の組合運動の強い担い手の革新系教師として頑張っていた。彼は、民主的な教師として、「何でもクラス全体で討論して決めることが大事だ」とぼくらに熱心に教えた。また「少数意見の尊重が大事」ということも言った。彼はまたぼくたちに、階級史観や人権思想を鼓吹した。いまから考えると、それはかなり杜撰ないい加減な理論であったが、中学生のぼくらは単純に彼の言うことに影響を受けた。特にぼくは、彼の理論を純化して実体化しようとした。

中学二年のある日、ほかの教科の先生が休んだので、授業時間が一時間空いたことがあった。ぼくらはただちに、その時間をクラス討論の時間にあてることに決定した。I先生が言うように、そのクラス討論を持つことを「クラス全体で討論して決めた」わけである。ところが、それを教えたはずのI先生は「おれの社会の授業が遅れているので、この時間は社会の補講をする」と一方的に通告し、ぼくらクラスの決定を無視したのである。

授業時間をどう使うかは教師の権限だということを盾に、自分の授業が遅れていることを理由に、ぼくらがクラスで自主的に決めたことを簡単に覆す。それは先生がいつもぼくらに言っていることとは違うわけで、彼の論理の一貫性の破綻を見たとぼくは思った。

それはおかしいんじゃないかということで、ぼくはクラスのみんなを煽動し、入口の戸のところに机を並べ、先生の侵入を阻止しようとした。教室の入口に机でバリケードを築いたわけだ。その時点では、まだ先生にたいする信頼が残っていて、先生もバリケードを作ったぼくらの気持ちをわかってくれると思っていたので、半ば遊びの入ったゆるいバリケードになった。あとにも先にも、ぼくの人生であんなやわなバリケードを作ったのはそのときだけだ。教師に対するある種の甘えが、バリケードの物理的側面をないがしろにしたのである。

だが、ぼくのその思いはまったく裏切られた。彼はそのゆるいバリケードをやすやすと突破して教室に入るや、教師の強権を発動して、すぐさまみんなにバリケードをたたんで授業につくよう指示したのだった。こうなれば意地あるのみ。ぼくは思いきって黒板に背を向けて、抗議の姿勢を貫くことにした。ぼくのほかに六人の生徒がぼくに同調した。ぼくらは、最後まで黒板に背を向けて授業のあいだ中ずっと抵抗した。

授業が終ると、ぼくたちは職員室に連れて行かれ、バラバラにされてI先生に不条理な叱責を受けると同時に教師の言うことを聞かず生意気だということで殴られた。一対一だったら、絶対負けなかったのだが、多くの教師がいる職員室ではぼくたちの敗北は最初から決まっていた。

　このときの何か許すことのできない不条理な感じが、ぼくの心の中で、一生かけて非合理と闘うことを決意させた。そして教師の言うことの一貫性のなさ、特に革新を装う日共系の教師へのぼくの不信を決定的なものにした。

　日共の人間が言うことは絶対うそだという感覚はそのとき身についたものだ。もともと日共的なもの、革新的に見せながら上意下達の構造を持つようなものとはぼくは体質が合わなかった。しかし、この中学のときの、裏切られたという深い実感がそれをぼくの中で決定的なものにしたのである。

　彼は、大井宿の本陣近くの屋敷が立ち並ぶ真ん中に大きな家を持っていたので、おそらく彼は大井の名家の出だったのだろう。彼は太っていたので、いい物を食っていたのではないかと思う。そして実は内心貧しい人たちを軽蔑していたのではないか、とぼくは思った。

中学三年生で迎えた六〇年安保

　ぼくが中学生だった五〇年代末の日本は、敗戦からの混乱からの急速な回復期にあった。そして六〇年には、その回復の社会的な一定の基盤の上に、日米安保条約改定が浮上してきた。結局、日本全土を揺るがすことになった安保条約の改定は、戦後の東西冷戦構造の中での日米関係の相対的位置の手直しとして、つまりアメリカにとっての日本の、被占領国から友人としての相対的上昇として設定され直したものであった。

中学生のぼくにとって、日米安保条約の持つ政治的意味はよくわからなかったと言ってよい。しかし隣国韓国の学生運動の盛り上がり、そして日本国内での反安保闘争の進展は、ぼくに大きな刺激を与えた。ぼくたち中学生も、日米安保改定の反対運動が日本中に広がっていく、そんな全体の盛り上がりの雰囲気の中にいた。ぼくは、前述したように、当時中学で日共系の教師と対決していたので、とくに政治的なことには敏感だった。また大学生の兄貴が家に送ってくる本を読んでいたので、その当時の首相の岸信介の進める日米安保改定はダメだとも思っていた。

あるとき恵那の映画館で映画を観ていると、隣の韓国のニュースが流れた。そこでは、当時の韓国の独裁者・李承晩大統領に反対する大きな学生デモが報じられていたが、そのデモに、高校生、大学生に混じって、先頭に中学生たちが体を張って闘っている様子が映っていた。ぼくはそれに圧倒された。結局その後、韓国の李承晩政権は打倒されるが（彼はその後ハワイに逃れる）、独裁政権打倒の瞬間のニュースに、デモの先頭を走る中学性の群れがぼくの心を深く動かした。

安保反対運動で世の中が変わるかもしれないという雰囲気の中で、その韓国の学生デモのニュースを見たことは大きかった。それを見て、ぼくたち中学生もデモに出なければ、と思った。隣の韓国では中学生だって頑張っているではないか。

日米安保条約改定については、ともかくぼくから見たら、筋が通らないことに思えた。その少し前まで戦争をやっていた敵であるアメリカと日本が組むのはまったく不自然ではないか。アメリカが原爆を日本に落として多くの人を殺し、苦しめたのを忘れたのか。それだけでなく東京や大阪の大空襲で、罪もない多くの民衆を殺したことをみんな忘れたのか。なぜそのアメリカと組むことができるのか。ぼくにはさっぱりわからなかった。だが、一般には、戦後日本にやってきて食料をくれたり日本に対してさまざまな民主改革をやったアメリカは、人びとの憧れの国になっていたのである。その豊かな生活ぶりも憧れの対象だった。しかし、ぼくにはアメリカに憧れるということがばかばかしいことに思えた。

韓国のデモのニュースを見てから、中学校の朝の全体集会で、ぼくは生徒会の会長として壇上に上がり、「中学生も安保反対のデモに行くべきだ」と全校生徒に呼びかけた。すると、Ｉのような日共系の先生が、暗い顔をして「それはやめたほうがよい」と言って、ぼくを止めにやって来るではないか。デモは高校生以上がやるべきだ、というのが彼らの言い分だった。彼らは、自分たちが中学生を煽動したということになったら立場上まずいと思ったので、ぼくを押さえつけようとしたのだ。このように、いつも彼らは自己保身しか考えていなかった。

いずれにしても、中学の全体集会で呼びかけても誰もやって来なかった。ぼくは、中学生でないふりをして恵那の町の安保反対のデモの最後にくっついて歩いた。その後ぼくは中学の裏山に上って、恵那の町と中学を見おろしながら「安保反対！」とひとりで叫んだ。

恵那高で教師から民青にオルグされる

恵那高の一年になって間もないころのことである。この学校は旧制中学の名残があって、上級生が下級生にたいして威張り散らしていた。気に入らなかったり挨拶をしなかったというだけで、一年生の教室までやって来てぼくらを殴ったりする、という具合であった。戦前のやり方がそのまま横行していたのである。この上級生の暴力ぶりが目に余ったので、ぼくらは、一年生だけで学年集会を開き、この上級生の暴力に対して闘いを挑むことになった。ところが上級生の中にも、この暴力学生たちに反感を持っている者たちが何人もいたため、この闘いはあっけなくぼくらの勝利に終った。二年、三年の「暴力的問題学生」は処分されて、一年生が勝ったというわけである。形としては、生徒間にあったある種の封建的な上下関係に対して民主主義が勝利したようなものであった。

ところがそこから、ぼくにとっては奇妙なことが始まったのである。その当時の担任の教師が、この戦いの主導者であったぼくとNを呼び出して、ぼくらに「民青」（共産党の学生向けの組織・民主青年同盟）に入るように薦めたのだ。彼は、その上で放送部や図書部をぼくらがのっとり、学校を全面的に「民主化」するよう求めたのである。Nは、親が共産党で、兄も民青に入っていたので、この教師の薦めによって、すぐに民青への加入を決めた。この当時の恵那は、時代の雰囲気もあって共産党に入っている人間がけっこう多かったのである。

「牧野はどうだ?」と、次にその教師に問われて、ぼくは躊躇した。中学のときの社会科教師の手ひどい裏切りがあって、ぼくは共産党というものをまったく信用していなかった。それだけでなく、民青に入って学校を民主化するというのは、何か違うなとも思った。この先生の、学校内でのぼくらの呼び出し方も気に入らなかった。ぼくの中の素朴な学校幻想とでもいうべきものが、ここで肉体的反発を引き起こしたのである。学校で教師が自分の個人的な政治信条を、学校の権威をかさに着て強制するべきではない、という直感的反発がぼくに働いたのだ。学校はもっと中立的な場所であるべきだという幻想をぼくは持っていたのだろう。

教師が語る民青というものにも興味が持てなかった。西尾先生や親父が語ったようなこと、つまり腹の底からなるほどと思うことには、自分から興味が持てたのだが、この教師が語ることに自分が納得するのは無理だと思った。まだ教師が、彼自身が民青だということだけを言ってくれたなら、「ああそうか」と納得したかもしれない。だが、ともかく、学校の、放課後の、図書館で、担任の教師が、といった道具立ての一つ一つがぼくに、その民青加入の話をきわめていかがわしいものに感じさせたのである。

返事を躊躇するぼくにたいして、担任の教師はどういうわけか過剰に反応した。

「牧野はトロツキストかアナキストではないのか?」

この発言は、ぼくの一生を決定する神の啓示のごときものであった。思ってもみなかった彼の発言が、ぼくのその後の人生を決定することになったのである。そうか、自分はアナキストかトロツキストになればよいのか――。ぼくは彼にそうなじられたことで、逆に自分の態度を自覚的に決定していったともいえる。

「まあ……」というあいまいな返事をぼくから引き出した教師は、「やっぱり」という顔をしながら、身構えた。

ぼくを民青に入れることに失敗した教師は、これによって学校を「民主化」するという自身の目論見も破産させざるをえなくなった。彼は、ぼくがほしかったのだ。これ以後、彼を中心とする日共系の組合教師との対決がぼくを待っていた。彼らは、ぼくの友人たちを民青に勧誘する過程で、牧野とは口を利くなと友人たちを指導した。そのためにぼくの高校時代は口を利かない友人たちのバリアの包囲網の中で、孤立し、読書に明け暮れる日々となっていった。こうして、ぼくの彼ら革新系教師との対決は、小学校から高校までついに十二年に及ぶことになったのである。

ぼくの子ども時代の人格形成は、だから、前述したように、彼らを反面教師として培ったものだと言っても過言ではないだろう。彼らは、負の参照点として、ぼくのその後の道筋を指し示したともいえる。つまり、自力でものを考えないような人間になるな、論理の一貫性のない人間になるな、上昇志向ばかり持つような人間になるな、少数派の人々のことを考えろ、といったふうに。

高校時代、もし、あの時、かりに民青に入っていたとしても、どのみちその後すぐにぼくはそこを喧嘩して抜け出しただろう。ああいう組織とはぼくはまったく肌が合わないのだ。

恵那高の火事から

高二の夏休みの八月二十五日の明け方、恵那高が全焼した。たまたま、前日に防災訓練をやって、プールの水をバケツリレーで全部くみ出したあとのことだった。だれかが、放火しただろうということで、その頃はだれがやったかというさまざまな憶測が流れた。

火事で燃える前の恵那高の建物は、一九五七年の映画『青い山脈』の舞台にもなった由緒ある木造校舎だった。旧制中学からの階段教室なども残っていた。それが全焼したのだ。木造なので、火の回りが早く、長細い校舎の端から端までの廊下を、火の通るトンネルのようにしてあっという間に燃え広がっていった。学校は高台にあったので、火事は街のどこからでも見えた。ぼくもすぐに学校に駆けつけたが、燃える火が怖くて近づけず、校庭でただ眺めているだけだった。だれも何もできなかった。それほど火の回りが早かったのだ。

その中で、三郷から飛んできた笠木だけが、火の中に飛び込むと家庭科室の一番重いミシンを背負って出てきた。ミシンは重いから体の大きい自分にしか背負えないだろうということで、笠木は一番重いものを担いで出てきたのだ。結局、何もかもが全焼した中で、笠木の持ち出した家庭科室のミシン一台だけが唯一学校から救い出されたものとなった。あとは校旗も賞状も恵那校始まって以来の全員の成績表も、これまで学校に残されていたものはすべて焼失してしまった。いっさい何の記録もなくなったのである。第一次世界大戦のときに中国の青島かどこかから持ってきたという、ドイツ人の骨の標本も燃えた。

笠木は、自分にしかやれないこと、つまり重いミシンを持ち出すことをまじめにやった。ぼくの方は、学校が燃えるのを見ながら、もっと燃えればいい、何もかも燃えてしまえばいい、と内心思っているありさまだった。その通りに何もかも一切燃えつくされた。次の日から、生徒は火事の消火後のあと片付けに駆り出されたが、本当に釘一本まで燃えていて、学校にはまったく何もない状態だった。それから高三の秋に新校舎が建つまで、ぼくらはやむなくクラスごとに寺や市役所の一室を借りて、授業を受けることになった。

この火事を境に、ぼくたちがバラバラに授業を受けているうちに、恵那高の教師に大幅な異動が起こり、これまで幅を利かせていた日共系の組合教師の大半がいつの間にかいなくなっていた。どういう事情でそれが起こったか、なぜかそうなったか、そのときはわからなかった。いまから考えると、日本が高度成長の中で変化していった時期に重なる。六〇年の日米安保改定もおわり、首相が岸から所得倍増計画の池田に代わり、本格的に日本経済が高度成長へと離陸するとき、社会も経済も安定し、もはや戦後の社会主義や日共への幻想がなくなっていった時期である。その中で学校の火事を奇貨として、彼ら革新系教師は教育現場の前面から退けられていったのではないか。

いずれにしてもこれで学校の雰囲気はガラッと変わることになった。もし、あのまま火事がなく、日共系の組合教師が相変わらずのさばっていたとしたら、ぼくは彼らともっと悲惨な喧嘩をすることになったのかもしれない。あるいはついに彼らに負けて、ありえないことに民青になって、毎日学校放送で民青の演説をぶっていたかもしれない。火事のおかげで、そのどちらの可能性もなくなった。ぼくらは寺や市役所でみんなバラバラに勉強をすることになり、組合教師が幅を利かせるような物理的構造が消えてしまったのだ。火事があったことで、いろいろなことが変わった。

二項対立的思考を越えて

ぼくは自分の小学・中学・高校の、特に革新系教師に対して、いつもいつも反抗ばかりしてきた。彼らの、上から子どもを支配しようとする態度、にもかかわらずその言葉のあまりの無内容、不勉強ぶり、そうしたものが見えるやすぐさま、ぼくは彼らに対して授業中に反論をふっかけた。ひとりの個人として子どもを見る教師、あるいはひとりの個人対ひとりの個人として子どもと接する教師は、子どもにはすぐわかる。西尾さんはそういう人だった。だが、多くの教師は、革新的なことを言うだけで本人がまったく革新されていなかったし、年長者だというだけで、ないしは教師というだけで、子どもより自分のほうがすぐれていると思いこんでいた。本人の内面がまったく近代化されていないのに、個人の自由だとか、平等だとかとぼくたちに言うのはウソくさい感じがして信用できなかったが、子どもにそう思われていることすら彼らは気づかなかった。

教師に反抗するためには、それなりの論理が必要である。ぼくはその多くを兄たちから学んだし、その都度自分でも考えた。だが、同時に、反対やそれにともなう反論は、教師やクラスに瞬間的に衝撃をもたらしはするが、それだけではだめだともぼくは思った。それでは自己満足にしかならない。反対や反論でその場の秩序や常識を打ち破るだけではダメで、そこからなにか新しい方針を出していかねばならない。歴史の中で、行ったことのない地平に行かねばならない。形式的な反論だけでは、あるいは反日共になるだけでは、何もならないのだ。ぼくはそう思っていたが、その先の展望が見えてこなかった。

反論を張ること自体も難しい。反論の張り方が中途半端だと反論にならない。最後まで反論を張り通す奴が、地平を切って行くかもしれない。後述するように、大学の教師の中には、入谷義高のように精神の強い人間がいて、学生との大衆団交でぼくたちの反論に対して更なる反問でやり返したが、そういう人間が議論を内実において深め、次の地平を垣間見せる。

愛教大のような教師養成学校では、本当は反論の仕方こそ教えねばならない。学校制度の中のイエスマンではなく、この学校制度のいかがわしさがわかり、それに抵抗し反論する人間こそ教師にしなければならない。それが、子どもに自立してものを考えることを教える教師としての最低条件なのではないか。

恵那でぼくが受けた学校教育は、小学校、中学校、高校ともマルクス主義、社会主義をベースにしたものだった。ぼくにはそれがうそ臭いものに思えた。ほんものの社会主義などどこにもないことは、革新系のこの教師たちをみていればわかることだった。社会主義がすべて正しいなんていうことはありえない。社会主義は、資本主義と同様に人間中心主義で、「自然」のことは考えない。山も木も川も海のことも考えない。自然は円を描きながらゆっくり動いているので、人間の直線的なやり方とは合わない。しかし、彼ら教師には人間以外のこと、つまり自然はまったく関係なく、視野にすらなかった。そしてこのときの彼らの「人間」とは、社会の上の方の一部の人間のことでもあった。下の方にいる人間は彼らにとっては「自然」と同じ存在に過ぎなかったのだ。

ぼくの彼らへの不信感には直感的にそういうことが働いていただろうと思う。そのために、西尾先生の二宮金次郎が衝撃的だったのである。人間も山も自然のこともみんな考えるということは、これらの革新系教師の社会主義に対抗するもののように思えたのである。

ぼくの少年時代とは、結局、学校では社会主義だけが良いと信じている日共の教師の存在、家に帰れば勉強ばかりしている兄貴たちの存在、この極端な二つの存在とどう向き合い、それをどう乗り越えていくかという問題につねに直面していたといえる。

このことからぼくは、社会主義と資本主義、成績の良い人間と成績の悪い人間という二項対立の問題についていやというほど考えさせられた気がする。ぼくはそのはざまでいつも考えてきた。そして結局二項対立的な考え方はダメだと思うようになった。資本主義にもいいところはあるし悪いところもある。社会主義にもいいところがあるし悪いところもある。成績の良い人間が悪い人間をバカにしてはいけない。彼らからも学ぶべきところはたくさんあるし、そもそも成績の良い人間と悪い人間は互換可能である。努力やきっかけ次第で入れ替わる。だから、固定して二項対立的にそのどちらか一方というのでなく、その広い幅の動きで全体を受けとめて考えねばいけないというふうに思うようになった。

そういう意味でいえば、日共の教師たちと兄貴たちに日々接して、この二つを半ば反面教師にしながら、ぼくは自分で自分の人間形成というものを成し遂げたという気がする。

前述したように、ぼくは小さい頃から親父の辞書などを読んでいたし、上の兄が病気になってからは彼が買ってくる本を読んでいたし、そのあと大学に行った兄たちが家に送ってくる本も全部読んでいたので、十代の前半からその時代の最先端の思想書などを読んでいたことになる。その意味では早熟だった。その上に、小・中・高の十二年間もの間革新系の教師たちとの日々の闘いに鍛えられた。その意味では、田舎の子どもにしてはある種独自の成長を遂げていたといえるかもしれない。

だが、それが災いして、大学に入ってから、周りの同年齢の友人たちとまったく話が合わなかった。あまりにみんなが幼く、また大して本を読んでいないという印象がぼくにはしたのである。そのために大学ではじめのうち、自分の存在をもやもやともてあますことになった。そんな大学で救われたのは、そこに東洋史の谷川道雄さんや中国文学の入谷義高さん、仏文学の中川久定さんといった個性的なすぐれた研究者がいたためである。彼らに会ってから、大学で初めて自分の存在が肯定される気がした。

彼らの存在に触れてから、結局大学でも面白いことが始まるかもしれないと思った。いろいろ挫折はあったが、死ぬわけにはいかんとも思った。

そのなかでも特に中国文学の入谷さんは大知識人だった。文学部長だった彼とは、文学部の大衆団交でよく激しい論争をした。それなのに、なぜかすっかり気に入られ、彼の研究室によく呼ばれて行くことになった。ときどき、ぼくらよりも入谷さんの方がこの論争を楽しんでいるのではないかと思うことすらあった。後年出た、入谷さんの教え子たちの追悼文集を読むと、大衆団交で入谷先生がお疲れで気の毒だった、みたいなゼミ生の思い出話がいくつかあった。まるで入谷さんが大衆団交に引き出されて被害者であるかのごとくに書かれていたが、彼らは入谷さんのことをまったくわかっていないと思う。物理的に疲れたとしても、彼はやる気満々だったし、それを楽しんでもいた。彼なりに、ぼくたちとの論争に何か面白い可能性を見たのだと思う。

入谷さんは、ぼくを呼ぶときにはいつも「研究室に食い物を用意しているから来ないか」という形でぼくを釣る。その頃ぼくたちは金がなく、相変わらず食い物と言われると弱かったのである。その食い物に誘われて彼の研究室に行くと、入谷さんが待ち構えていて、食い物どころか、すぐさま議論をふっかけるというふうだった。そういうときの彼は、「君たちの意見を詰めていくと、こういう結論になるのではないか」と、こちらがまだ考えていないことまで先回りして述べるほど、悪魔的にシャープだった。ので、ぼくらはまったく気を抜くことができなかった。彼は、本当にぼくらとの議論を楽しんでいた。

入谷さんは、しかし、逆に自力で思考しない者に対しては厳しかった。一度など、やはり文学部の大衆団交で、入谷さんにいかにも紋切り型の質問をした民青の学生に対して、「君の質問には内容がないので、答える必要を感じません」と、あっさり切り捨てたことがあった。建前上、学生の質問はくだらなくても聞くのが民主主義ということになっている。それを内容がないと言って切ったのである。おそらくそこで、民青の学生に絡まれたら、それに対する反論の論理もすでに彼の中で用意されていたのだろう。しかし入谷さんの気迫に押されたのか、民青の学生たちはそれ以上何も言わなかった。静かな人だが、恐ろしく頭の切れる人だと思った。

ぼくは子どもの時に「インド哲学」の本を読んでそれにはまっていた時期がある。おそらく実際のインド哲学は多岐にわたるのだろうが、そのとき「インド哲学」として子どものぼくの中に入ったものは、それ以来ぼくの中でずっと核のようなものとして残っている。それが、どこかでぼくの不安定な気分を受けとめたり散らしたりする役割を果たしてきた。

「現世」が幻想にすぎない」というインド哲学の考え方は、その頃のぼくの、子どもながらになんとなく家からも学校からも疎外されたように感じていた気分にぴったりあった。ぼくはよく、鉄格子の牢屋の中に入れられたまま、鉄格子をすり抜けて外に出るにはどうしたらいいか、といったことを考えた。現世が幻想なら、この鉄格子をすり抜けてぼくはどこまでも自由に飛び出せるはずであった。とはいえ、牢屋の外にいたら人間は自由かといえばそうも言えないとも思った。つまり牢屋の中に入っているかどうかが問題なのではなく、自由を得るには、人間としてどう生きるのかが問題なのだ。牢屋の外にいても、何かに縛られているなら牢屋の中にいるのと同じである。牢屋の中にいる人から見たら、外の人のほうが不自由だということもあるかもしれない。

人生七〇年たって、ぼく自身も実はいまも本当は見えない牢屋に入っていて、ただ、メシを食って寝ているだけかもしれないとも思う。そう考えることもできる。自由は、結局ひとりだけでは得られないものかもしれない。たとえば入谷さんのような他者と、真剣に議論したりして、いまの自分のありようを鋭く反省するところからしか、つまり自分を含めて世界が見えることを通してしか、自由はありえないかもしれない。

インド哲学は、子どものぼくには特別なものであった。ひと粒の涙と海の大海はどちらが大きいか、とか、ぼくはインド哲学をテコにして、さまざまな事を考えた。結局、自由に生きるとはどういうことだったのか。ぼくはこれまで自由だったのか。これはこれからもまだ考え続けていくべきことなのだろう。

牧野さんと「予備校文化」なるもの

青木　和子

一九八〇年代初頭に牧野さんに出会った。その時、「ぼくは全国にヘルメットをかぶせた全共闘地蔵をつくり、回向してまわりたいと思う」といわれた。全共闘運動とヘルメットをかぶり赤い前垂れをした地蔵の取り合わせに、私は思わずギョッとした。

この全共闘地蔵は、全国の大学を経めぐりながら『全共闘物語』という「平家物語に匹敵する」闘争の記録を紡いでいくこととセットで語られていたのであるが、それは、記録を紡ぎ全共闘地蔵をつくるという緩やかな共同作業の中で、若い世代をも巻き込み、全共闘世代が何を考え、どう失敗したのかを彼ら若い世代にきちんと伝えていきたい、いかねばならないという牧野さんの想いの表出として語られていた。

牧野さんの生き様は一言ではとても集約できず、まさしく重層的で乱反射・矛盾の局面をも包摂する多様な生き様であったといえるが、自ら動くことで思想を担保し、周辺を巻き込んで運動体をつくり、情況を変えていこうとする彼の手法にはある種の一貫性があったように思われる。

七〇年前後の全共闘運動を、東京と京都に挟まれた「谷間」の名古屋で闘った牧野さんらは、「谷間」であることを逆手にとって、「大学解体」の持つ思想的な意味を考えながら、「解体を内包する解放」即ち「大学解放」を政治的スローガンとして掲げ、実現可能な段階をつくろうとする運動を展開した。全共闘運動の敗北後、具体的な人と建物と場所の関係の中で「地域」を意識的につくりだし、そこに軸足をおいて日常レベルから発想し、発言する。「オリンピックに反対する」「高速道路建設に反対する」「管理教育に反対する」等々。そしてこの「地域運動」の結節点として、例えば名古屋市長選に候補者を立て、反オリンピック組織のさまざまなグループをつなげて「市民共闘会議」を結成する。ところが接着剤であった牧野さんらが過激な方針を出してハネてしまったために連合は実態を失い、責任を感じた牧野さんは一人名古屋市役所前でハンストに入る。

一方、七〇年代半ばに牧野さんは河合塾の予備校講師となる。「大学解体」を語っていた者がその大学に生徒を送る予備校に身を置く矛盾を、「社会のいちばんの矛盾の中に入らなかったらだめだということと、人の数だけ渦があって生き方があるという確信があって、若い奴の群れの中に入れば自分自身もその渦に巻き込まれて、もう一回何か考える契機になるかもしれない」と語る。そして、「予備校の存在理由は何ものにもとらわれない自由にある」と宣言して、受験産業としての予備校に風穴をあけ、「予備校という組織を生活や思想、行動の中心にしたい」という想いを実現すべく行動を開始する。

予備校を、高校と大学という公教育の「谷間」に位置する場として積極的に捉え直し、予備校を「解放」空間にすべく様々なイベントを計画する。河合塾関係者以外の人たちにも開かれた無料のシンポジウム・講演会・映画会・ジャズコンサート、山登り・野球観戦等々、予備校の入試対策授業とは直接関係しないことを企画し、事務局を説得して実行に移していく。河合塾にいったら何か起こりそうだという予感、期待にふるえるものをつくりだすことによって、河合塾が文化の拠点となり、社会的存在になっていくという路線である。この路線は、三大予備校の全国展開の大きなうねり（全国制覇戦）と連動して、駿台や代ゼミとは異なる河合塾の特色を打ち出すイメージ戦略に採り入れられていった。事務局の思惑と牧野的路線の合致である。

予備校の全国展開の中で各地の全共闘世代が少なからず予備校講師として採用されていく（私もその一人である）。牧野さんは、全国を回りながら「ここを文化の拠点にして、何かおもしろいことをやろうではないか」と塾生にアジテートし、共同の想いをもつ緩やかな講師集団の形成を促すとともに、敵対しがちな講師と事務局との間をつなぎ、「講師・事務局共闘」の布石を打った。この、目的や利害が異なる事務局と講師をつなぎ、河合塾全体の生き残りのために、一緒に「落としどころ」を考え、調整していくという「事務局・講師共闘」路線は以後の河合塾の事務局・講師関係の基軸となっていく。牧野さんの一連のこうした動きをみると、予備校を塾生・講師・事務局を含みこむ「運動体」として位置づけるというのが彼の最終構想であったかもしれない。

なお、河合塾がとったイメージ戦略は、当然のことながら塾内部にも浸透し、人間主義・文化主義（文化路線）が河合塾の特色となっていく。その象徴として設立されたのが河合文化教育研究所（文教研）であった（文教研は、従来のアカデミーの枠を越え、「新しい枠組みでの教育の模索と学問の構築という焦眉の課題に応えるべく、予備校という自由な教育現場で培ってきた河合塾の豊かな経験と知を生かして設立された」のである）。

牧野さんの教育論は一貫している。本書（『原点としての恵那の子ども時代』）で「ぼくは、教育の一番大事なところは、子どもの間違い方をどう捉えるか、というところにあると思う。……子どものテストの答の出し方、間違い方にも幅があり、そうしたさまざまな間違い方の背後に何があるのかを教師は常に考えていかねばならないと思う。つまり、間違いのなかにこそ、子どもの可能性が隠れている、ということだ。……そこを見ないで、ただ形式的に一つの正解だけを拾って、あとは間違いだということで切り捨てるなら、それは教育とはよべないだろう。子どもたちの間違いに注意して、なぜそんな間違いが起きるのかを考えることからしか教育は始まらないのだ。子どもたちの中で動いているもの、言葉にまだならない前の疑問や思いに目をむけ、それを汲み上げ、そこから彼らの可能性を彼ら自身で掘り出せるようにする。それを手助けするのが、本来の教育であり、教師の役割である」と述べている。

牧野さんの教育論の根っこには、生徒、なかでも弱い者への限りない優しさがある。受験を前提とする教育は、「平等」の名の下に「自由」に競争することを要求するが、この競争は勝者と敗者を生み出す。この過酷な「自由」競争の場にさらされ、ストレスを抱え込んでいる子どもたちに、「自由」や「平等」がはらむ意味を腑分けして見せつつ、そこから抜け出る方法を模索する。例えば、現行の学校教育のあり方が受験に収斂するしかないとしても、こうした「教育」を変えるための実現可能な段階をつくって、現在のテスト体制そのものを揺るがすことを主張する。「テスト屋はテストの仕組みを変えてみせる、変えられることをみんなに見せる必要がある」と。その具体の一つとして、現行のテストでとられている○か×かの二者択一の採点法（○は5点、×は0点）に対して、「勉強した効果が若干でも報われるためには、そこに段階をつく」ってその子を評価する採点法を導入することを提言する。「×の中には○に転じる可能性をもつものも含まれている。」つまり、×だがこのレベルまでは分かっているので2点とするという評価の仕方を導入すれば、生徒のやる気を引き出すことにもなる、というのである（選択肢が5つで、①のみが正答で○、②は正答に近いが×、③④は似ていない、⑤は全くの間違い。このケースでも点数は5点か0点。①と②で迷った者は努力もし、読み方もよいのに、いいかげんにつけた者、完璧に間違えた者と同じ0点。そこで、別の採点基準をだして、①は5点、②は2点、③④は0点、

⑤はマイナス2点とし、努力をきちんと評価する。)。

そして、こうした教育論をもとに、ベーシックコースやコスモ(大検コース)が構想されたようである。授業のやり方には二つ――知識を一方的につぎ込むやり方と、テキスト・テストもなく生徒の自発性だけを引き出す「自由教育」的やり方――あるが、この二つの間をつなぐ授業のやり方を予備校で実験的にやってみたいと牧野さんは考えた。試行錯誤のすえ、仲間の講師や職員に呼びかけて「ベーシックコース」のクラスをつくり、ベーシックコースの九つの基本原理をつくりだす。例えば、①授業で生徒達が「わからない」といった場合、それは講師の側の教え方に問題があると考えて、授業のやり方や教え方を反省し、再挑戦する材料とする。②予習・復習・宿題といった家庭学習を出来るだけ避け、どうしても家庭学習が必要ならば、はっきりしたやり方を指定し、分量等の妥当さを確認する。③単に勉強をすればよいとか、物理的な勉強量によってのみ生徒が出来るようになると考えず(技術的に突破することのみを考えず)、受験勉強でさえ全人的なものとして考えること。④一人一人の教師・チューター・フェローは人間的働きかけを生徒に行いつつ、生徒の内部にある行動力・意志力を引き出し、積極的に人生や大学での目標形成に向けての材料を提出すること、等々。これらの内容はベーシックコースだけでなく全ての予備校講師のみならず教育に携わる者にとっての基本原理といえるのではないか。

河合塾はまさしく受験産業である。これを前提に、予備校は公教育の谷間・狭間にあるが故にその存在理由は「自由」にあると宣言し、予備校を地域の文化の拠点と位置づけ、講師・事務局が協力して、塾生をも巻き込みながら、外にも開かれた様々な講演会・イベント・演奏会等々を企画・実施していった。こうした人間主義・文化主義（文化路線）を標榜した予備校のあり方をいつしか「予備校文化」と呼ぶようになったようだが、その渦の中心は河合塾であり、旗手はまさしく牧野さんであった。

しかし、牧野さんにとっての「予備校文化」は、こうした文化的イベントに終始するのではなく、自分自身が予備校に持ち込み実践した様々な教育手法、運動論・組織論も含めての全体・総体であったと思う。そう考えるほうが実体に即している。だからこそ「予備校文化」の担い手は、牧野さんだけでなく、一緒に考え動き、あの渦を創りだしその真っ只中にいた一人一人の塾生であり、事務局であり、講師であったのだと思う。

業界が「冬の時代」に突入するなかで「予備校文化」は後退し、霧散したかにみえるが、河合塾の文化路線は未だに河合塾の伝統として全国で機能している。そして、こうした文化路線に関わる個々人（塾生・事務局・講師）のなかに、今もなお「予備校文化」は脈打っているといえる。今この時期にこそ、私たちはそれぞれにとっての「予備校文化」とは何であったのかを検証するべきだと思う。それは私にとっては、河合塾という予備校に身をおき続けた自分をどう捉え、その関わりのあり方とその意味を考え続けることに他ならないと思っている。

五年前に牧野さんは倒れられ、入退院を繰り返された。入院患者の身になっても批判的精神は衰えず、現在の医療体制に対する批判と怒りをぶつけておられた。個人の身体の歴史やその日その日の身体状況を考慮せず、検査結果の数値に頼り薬を出し続ける医療体制、個々人の能力を無視した画一的なリハビリプログラム等々。牧野さんにとっては、その場が病院であり、その立場が患者であっても、自らのいる場が「拠点」であり、運動の場であったのだろう。しかし、身体を張って言葉で伝えることを選び、自らが動くことで思想を担保してきた牧野さんにとって、病気になり動けなくなるというのは底しれぬ苦痛だったと思う。苛立ち、次第に他を拒絶していく牧野さんに、周りの私たちははらはらし、こちらも苛立ち、悩み……、しかし、根っこのところで願い、信じた。

いま
この秋のただなかに
目の前で、日々ひっそりと
落下していく人がいる

はじめに
その人の中に小さな断念が生まれ

次に対峙の構えからの後退がはじまり
そして最後に
自己放擲のようなものがやってくる

そうやって、自らが落ちていく淵を
なすすべもなく
頭蓋の内側からのぞきこむ人の
声のない絶望が
かわしそこねたこちらの背中に
いまさらのように追いすがってきて
胸の奥を刺す日

（『象』第八三号、加藤万里「秋の庭」より一部抜粋。二〇一五年秋）

いのちと向き合う闘病のなかで、この「断念」を突破し、牧野さんの新しい地平が生まれてくることを願い、信じた。しかし、時は待ってくれなかった。

牧野追懐記

茅嶋　洋一

牧野来宅　八十一年元旦
予備校講師としての志を語り、共に在りたしと誘う
それに応じて三十六年目の今日、先に逝った
年下の友の死、何人目か

牧野の訃報を受けし夜、机上の酒杯を前にしながら記した述懐である。

牧野が来訪してきたのは、河合塾が九州・福岡に開校する年の正月であったが、その間のことを彼は後に次の様に述べている。

その時、中学・高校時代から本で読んだりニュースで知ったりして、常に気にしていた、ある事に火が付いた。それは五〇年から六〇年代に掛けて、九州一円を覆っていた文化の嵐の事である。谷川雁を中心とした大正炭鉱―サークル村、九大闘争、伝習館闘争……。そして、その衝動のまま、そうした関係者の多くに厚かましくも紹介者も立てず直接に電話し、河合塾を作り上げるための人材の事を話し合った。その人達の多くが「茅嶋と会え」と言う。そして、ついに会ったのだが、茅嶋さんは開口一番、「自分は人生の浪人を決めており、(塾に)行く気はない」と拒否された。その瞬間、逆に僕は「人生の浪人こそ、受験の浪人を教えるべき」と口を切った……。

私は、この牧野の切り返しの巧さにつられて、「ではやってみるか」と応じてしまったのだが、そこには、自分自身の内にあったもう一つの感が彼の誘いに応じさせたのも否めない。当時、私は伝習館裁判闘争の控訴審の途中であったが、当初自分に課した七〇年代教育闘争・運動のセンターの一つとしての役割も終ったという念いもあり、またその十年余の間、〈教育〉現場から外れており、その現場の空気を吸っておらず、一種の「酸素不足」の感を抱いていたことにもよる。そして、「とりあえず出講する」として予備校・河合塾に関与したものの、習い性もあり、自分がかかわる以上この場を面白い空間にしたいとの想いと、「俺が河合塾である」という自己意識から、全身的に予備校講師とならざるをえなくなったのである。

初年度に牧野と二人で担った仕事が、九州大模試の文学部対応小論文の問題作成であり、私が作問した問題の出典が、現代思潮社刊『サド裁判』収録の、特別弁護人・埴谷雄高の陳述文であったのだが、これには牧野は即座に賛同し、間を置かず作り上げた覚えがある。ただ、模試実施後、添削・採点者が他におらず、二人してホテルの一室で他室の宴の声を聴きつつ、徹夜で作業を続けたのも今では懐かしき思い出となった。

福岡校開校以後一、二年間のことを牧野は語る。

> 福岡校の授業は土曜日の朝であった。毎週金曜の夜、そのため福岡に飛んだ。僕が校舎に着くと茅嶋さんが必ずぽつんと待っており、二人で街にくり出し、朝まで飲んで話し、すごした。そのまま、朝の授業に行く事もままあった。その二人の「仲間」になる事を不安に思った講師・職員は、その日を「マの金曜日」と呼んで避けたという。

牧野と飲みかつ語った博多の夜の光景は、今も瞼に浮かぶ。朝の講義に遅れないため、牧野は宿に行かず、私は帰宅せずに、二人して校舎の玄関前に寝て仮眠を取り、早朝出勤してきた職員に起こされたことも一再ではない。コートにくるまって寝ていたのは晩秋の頃であろうか。

また、暁暗の港の突堤で、私が西北を指さし「牧野、向こうが朝鮮半島だ」と言った時、彼は感動の面持で「自分にはそんな空間感覚はない。俺の故郷では、向こうはどこも山であり、そのまた向こうに異う世界があるという感覚で育った」と呟いた。その場でのことを彼はこう記している。

真夜中の博多港で、暗闇の海を前に、茅嶋さんは言う。「かつて、ここで、九州者は、東京へ行くか、大陸へ行くか、悩んだものだ」と。僕は、うなづきながら、この分かれ道で、父の兄が、米国の潜水艦によって輸送船ごと沈められた事を思い出していた……。何か深い所での繋がりを感じながら。

その後は、私の方が毎週名古屋へと通うようになり、牧野との酒杯の席は今池周辺へと移る。そこでの論議を通して生じた河合塾の諸相が今浮かぶ。

そして、その後名古屋で作ったベーシック・コースを彼にめんどう見てもらった。次に当然大検コースの全国展開となった。福岡校は、茅嶋さんや、その関係者に作ってもらった。

右に記した牧野の言もさることながら、衛星回線を使ったこの社会初の事業とも言えるサテライト講座から、河合文教研の設立・運営に至る過程での牧野との共働は、私にとっての河合塾人生の主要な一側面でもある。

また、その後牧野が糖尿を患い、脳梗塞で倒れた後、文教研・特別研究員として今日に至るまで、私の文教研かつ牧野との個的な関わりの比重が増してきたのも事実であった。それは、彼との出会い以来、私が抱き続けてきた「この予備校という空間を私なりに生き切る」という言志の延長として必然であった。その両者を結び合わせた、共同の〝夢〟とは何であったのか。牧野は言う。

つまり、結局予備校は、地下の文化や歴史、人脈の集まりなのだ。次の世界を背負う若者たちに「志の高い」大人達を会わせる、混沌の場なのだ。友あり、遠方より来たる。又、楽しからずや。

右の牧野の言にも呼応して、私は私なりの人脈から様々な〝大人〟を河合塾に結びつけ、塾生達に出会わせてきたし、それは今も続いている。

だが、牧野のこの〝夢〟と、その後進行した現実との乖離の硲で、彼の焦燥はつのり、他者の言を寄せつけないような振る舞いも窺えたが、それも彼が予備校・河合塾に懸けた想いの深さゆえのことであったろう。

ある時期にこの社会の相矛盾する教育制度の間隙を縫って浮上してきた〝予備校文化〟なるものも、牧野の逝去と共に、葬送の秋を迎えたのであろうか。その感を懐きながらも、私なりに初発の念を全うするだけである。

先に現世を去り、彼岸へと旅立った牧野よ。お前は病を患って以来、この間酒を断ち、語る場も狭められていた。だが、彼岸の里ではもはやその必要もなかろう。心ゆくまで飲み、かつ語れ。そのうちに俺もそちらへ往くことになろう。その時には、彼岸の池塘春草に座して、睡蓮の開花を恋いつつ、酒杯と言の葉を交わそうではないか。再見。

断章　牧野剛の死に寄せて

菅　孝行

牧野剛が重篤な病との闘いの中にあることは知っていたから、自分の老いや病がそれよりは軽微である以上、死の知らせをいつかは聞かなければならないと思ってはいた。しかし、その知らせは、あまりにも唐突で、悲しむ暇もないほどだった。

河合塾の牧野に関する最初の記憶は、果敢な名古屋オリンピック反対運動に関するものだった。一九八〇年代初めのことである。私はまだ河合塾の講師になるはるか以前だったが、牧野の名古屋市役所前の座り込みは河合塾の中でも物議を醸したらしく、保守的な講師が牧野の解雇を要求したと聞いている。ウィキペディアには、市長選にオリンピック反対派の竹内義次候補を立てて善戦したことと、牧野剛の座り込みのことが未だに記されている。

〈闘う男〉牧野の原点は、おそらく本書で語られている幼少期に遡るのだろう。だが私は、それを詳らかにしない。また、ステレオタイプな通念で考えれば、全共闘運動の志の持続ということになるのであろうが、これもリアルタイムでは私は知らない。牧野との交友はお互いの人生の後半の出来事なのだ。

牧野剛にはじめて会ったのは、名古屋での何かの集会に呼ばれて話をしに行って、その集会の主催団体の関係者だった牧野に遭遇したときだったと思う。これも一九八〇年代の初めのことだ。挨拶を交わしただけで、あとで親しく口を利く関係になろうとは思ってもいなかった。


一九八六年、いろいろの事情から糧道を失って困り果てた私は、共通の知人を頼って、河合塾の講師採用の責任者に引き合わせて貰うため、牧野に推薦の労を取って貰った。まだ採用のシステムが確立されていなかったこともあり、当時の講師としてはやや高齢だったが、無事契約にたどり着くことができ、お陰で私は野垂れ死にしないで済んだ。私にとって、牧野は命の恩人なのである。

私が河合塾で仕事を始めた頃、牧野は現代文の共通一次の出題を的中させた講師として、人気絶頂だった。今では考えられないことだが、講師のグループが、教務や教材だけでなく、塾の大きな企画に関与して物が言え、言うと実現することも稀ではない時代だった。入塾式に塾生に見せるための映画を若松孝二監督に撮らせたとか、最終的には実現しなかったが、河合塾が敷島パンと協力して、料理人を乗船させ、飢餓に苦しむアフリカに向けて船を出すことが企画されるとか、誰かの武勇伝ではなく、予備校武勇伝とでもいうべきできごとが次々に企てられたり実現したりした。仕掛人の中に牧野の名があることがほとんどだった。

予備校がリードして、あるべき入試のコンセプトを大学に突きつけるのが河合塾の〈売り〉でもあった。幹部職員もみな若くエネルギーに満ちていた。文化教育研究所という不定形の組織のような会議体のような運動体のようなものが作られ、ブックレットのシリーズや不定期刊行物や研究成果がつぎつぎ刊行されていた。

それでも、牧野が所属していた中部地区本部が最も輝きを放っていたのは、私が河合塾に入る少し前で、私が入塾した一九八七年は、名古屋の河合塾が飽和状態になって、東日本に進出する路線を本格的に取りはじめた時期だった。私などが比較的容易に仕事が得られたのもそれが一因だったかもしれない。だが、後発でマンモス化した少し管理統制型にみえる東日本地区中心に仕事をしていた私たちにとって、名古屋や大阪の河合塾はまぶしかった。そこに教職員自治のエートスが感じられたからである。

「予備校文化」などということが盛んに語られていた。「予備校文化」が固定した実体として存在すると信じたことは私にはない。予備校はニッチ産業であり、大半は親に学費の支払能力のある階層の若者だけの、上げ底された世界である。それでも、高校にはない経験の機会を多くの受験生に提供する装置としては、公共的な価値は低くなかったと思う。塾生を巻き込んで、受験成功請負サービス業以上の何ものかを志向する教職員のエネルギーは確かに息づいていたし、その幻想の広がりを予備校文化と呼ぶのであれば、そう呼んでもいい熱気が感じ取れた。そのまぶしいエートスの渦中に必ず牧野剛はいた。

私の主な仕事は小論文の講師だったので、すでにおおむね現代文に移っていた牧野とは、大検コース（今の高認）のＣＯＳＭＯ以外に、日常の仕事で出会うことは少なかった。一九九〇年十二月、ＰＫＯ法案が上程され、通れば自衛隊が戦後初めて紛争地に派兵されるということが、政治の大きな議論になった。何人かの講師が中心となって、塾生と講師のデモが企画された。予備校講師の会なる団体ができて、デモが企画されたのか、デモを契機に会ができたのか、もう記憶の彼方であるが、会もデモも発案者は牧野だったと思う。

さすがに塾側は緊張したようだ。十二月十日だっただろうか。まだ、市民団体や労組の反対運動が開始される前だった。新参者の講師だった私も、何人かの生徒に呼びかけ、自分も参加した。渋谷の宮下公園に予備校生が五百人集まり、河合塾生が七八割を占めた。代ゼミの吉川勇一も駿台の最首悟もいたが、教師の参加者も過半は河合塾だった。

渋谷の街を一回りする短いデモだったが、年が明ければ受験を控えている塾生がよく集まったものだ。こんなことができるものなのだ、という新鮮な発見があった。このデモは、それから五年間、東京の講師の有志が、塾生に呼びかけてデモや政治問題を主題とする小規模な集会を毎年開くようになるきっかけになった。今では、生徒も集まりにくい。それ以上に、保護者の声を考えると到底こんなことはやれない。それどころか、中間管理職の小役人たちが、目の色変えてクビをチラかせながら恫喝に来るだろう。隔世の感一入である。

一九九〇年代後半、まだ塾生数は増え続けていたが、次第に河合塾が守りに入る時期が到来した。牧野は、名古屋だけでなく、全国を飛び歩いて仕事をしていたが、牧野の表情が次第に険しくなっていったのを記憶している。あいつは鬱だ、というような噂も聞いた。ある日突然ツルツル頭になった牧野に出会った。幹部職員との度重なる衝突の噂も聞いた。現場も少しは見た。それは十八歳人口のピーク到来を睨んで、守りに入る経営への牧野の焦慮の表現だった。

牧野にとっての夏が過ぎ、秋が来たのである。それでも牧野は精力的に、大学に入試改革を取り組ませる目的の新しいテストの提案をしたり、中国韓国日本三国共通テストを提案したりした。予備校は、濡れ手に粟の時代が去っても、むしろそうなればなおさら、入試のありかたをイシューに据えて、公教育の共同的な再審装置にならなければならないという思いから、エネルギッシュに事態を動かそうとしていたのだと思う。

しかし、衆寡敵せずというか、時に利あらずというか、河合塾全体が大きな新しいプロジェクトにチャレンジすることはなくなっていった。経営を説得する志と力量をもつ幹部職員がだんだん少なくなり、むしろ進取の気性において、東進や進研やZ会に後れを取るようになった。

二十一世紀の予備校は、牧野にとってだけでなく、予備校をただの大学合格サービス産業以外の何ものかでもあらしめようとする志のある講師や職員にとっての冬の時代となった。

私は牧野のように河合塾の中に強い足腰で立っていなかったから、「冬」は早くやってきた。専任の定年が来たところで、予備校の未来を見切って一コマ講師になり、出来た時間をほかの仕事に振り向けた。選択の理由は、無理筋は取らないということに尽きる。私が年を取った新参者で、力を持つ前に高齢となり、その上、日常の仕事に対する講師の規定力が名古屋以西より遙かに希薄な東日本の講師だったということもある。しかし、私の選択は、牧野からは怠慢に見えたかもしれない。

講師制度改革の諮問委員をしていたため、牧野と会う機会は年に何度かあった。牧野はまだ倦まず弛まず前進を試みていた。やがて最初の病が牧野を襲った。幸い大事には至らなかったが、闘病生活の成果は捗々しくなかったようだ。文教研の会議などでも時折顔を合わせたが、残念乍ら昔日の面影は次第に薄れていったと言わざるをえない。私は牧野より六歳年上で、持病も抱えているけれども、牧野より多少は老いと病を何とか抑えこんでいた。彼の訃報をいつかは聞かねばならぬだろうと思うようになったのはその頃からである。それでもなお牧野は闘った。体調が最悪だから、その姿は痛々しかったが、死ぬまで牧野はやめなかった。

中島みゆきに『ファイト』という大ヒット曲がある。それは、最下層の、中卒で世に出た女性の悪戦苦闘へのオマージュだから、〈闘う男〉であるとともに名古屋大学卒のインテリで、網野善彦や木村敏や中川久定や廣松渉と親交のあった牧野に、そっくりそのままは当てはまらない。けれども、牧野の晩年の苦闘は、傷だらけになっても激流に逆らって泳ぎ続けようとする魚に準えてもおかしくないと私は思う。

暗い水の流れに打たれながら　魚たちのぼってゆく
光ってるのは傷ついてはがれかけた鱗が揺れるから
いっそ水の流れに身を任せ　流れ落ちてしまえば楽なのにね
やせこけてそんなにやせこけて魚たちのぼってゆく

勝つか負けるかそれはわからない　それでもとにかく闘いの
出場通知を抱きしめて　あいつは海になりました

ファイト！　闘う君の唄を
闘わない奴らが笑うだろう

君を嗤う者はその報酬を受け取らなければならない。

編者あとがき

加藤　万里

この小冊子は、昨年（二〇一五年）の春から暮れにかけて、牧野が自分の恵那の子ども時代について語ったものを、文章化したものです。

牧野は二〇一一年十月に脳梗塞で倒れてから、右手右足が不自由になり、ごく短い文章以外は本人が自分で自由に書くことはできなくなってしまいました。しかし、彼の構想力や問題意識はそのまま健在でしたので、そのことと身体の物理的な不自由との不整合が、本人を相当苦しめることになりました。

その苦境を見かねて、友人で河合塾講師の青木和子さん、茅嶋洋一さん、菅孝行さんたちが、牧野と議論する機会を作るために「Mプロジェクト」なるものを河合文化教育研究所内に立ち上げられました。その会では、牧野が当時最も気にしていた二〇二〇年の大学入試改革問題や環境問題などが議論されましたが、この会の忌憚のない議論のおかげで、彼はずいぶん救われたのではないかと思います。

本小冊子は、その中から生まれてきたものです。

牧野は、一九四五年八月の終戦直後の九月に生まれ、まさに戦後日本と同じ時間を生きてきました。しかも生まれは、「恵那方式」といわれる日教組の戦後民主主義教育のモデル地区の一つだった岐阜県の恵那です。したがって牧野の個人史は、そのまま日本の戦後民主主義教育の核心に重なります。牧野に子ども時代を語らせるという提案は、そこから出てきたものですが、心に鬱屈を抱えていた牧野の気分を解放させることにもなるだろう、との配慮もありました。

それで、Mプロジェクト会議とは別に、牧野の語りを加藤が聴き取ることになりました。戸籍上の配偶者である加藤が聴き取るのではうまくいかないのではないかという危惧もありましたが、適度な距離が開いていたためか、これは案外うまく行きました。

文章化するに当たっては、まず牧野が話し、それを加藤がパソコンで文字化し、その原稿を牧野が見てもう一度加筆訂正する、という形をとり、それを何度も繰り返すという方法がとられました。その過程で、一人の感受性の強い少年が、どのように悪戦苦闘しながら自己形成をしていったのかが見えてきて、それはなかなか興味深いものとなりました。おそらく、牧野が語ったことの中身には、本人の記憶違いや記憶の改竄・脚色などもあったとは思いますが、明らかな事実誤認以外は、牧野の記憶の中の真実ということで、そのままここに収録しました。

当初は、恵那の子ども時代の話が終ったら、引き続き名古屋大学時代の六〇年代末の全共闘運動のこと、そして牧野の人生の最も重要な部分を占めている河合塾に入ってからのことなども語ってもらえれば、と全員が考えていたと思います。そして、いずれ何らかの形でその語りをまとめる時には、青木さん、茅嶋さん、菅さんからご寄稿をいただくことにもなっていました。本人も、そのことを励みにしていたと思います。

ところが、昨年暮れに牧野は第一回目の誤嚥性肺炎で緊急入院し、その後はこの個人史を語ることも叶わなくなりました。それでも小康を得て三月にはいったんリハビリセンターに転院し、これから本格的なリハビリをと思っていた矢先、今年の五月中旬に再び誤嚥性肺炎で緊急入院。五月二十日夕刻、容態が急変し、帰らぬ人になってしまいました。

本人としては、こんな形で死ぬつもりなど微塵もなく、少なくとも死ぬ前には、彼らしく自分の人生の総括をし、迫りくる死とは何かを考え、死に赴く準備をきちんとしたのちにこの世界に別れを告げたかったのだろうと思います。また、昨年暮れの入院以後はしばらく食事が取れず心身ともに憔悴していましたので、さまざまな方からのお見舞いのお申し出も、すべて本人が辞退していました。もう少し自分の状態がよくなってから会いたい、と本人は強く願っていましたので、こんな形で逝くのは、なおさら無念なことだったのではないかと思います。

本書は、そういうわけで、牧野の没後に急遽、彼が昨年暮れまでに語った分だけをなんとかまとめて、二〇一六年九月二十五日の「しのぶ会」に間に合わせようとして作成したものです。その急ごしらえの冊子に、前述の三人の方々に、急なご寄稿をお願いをすることになってしまいましたが、多忙にもかかわらず短時間のうちに心のこもった文章をお寄せ下さいました。感謝のほかありません。地下に眠る牧野もきっと喜んでいると思います。

昨年暮れの入院から亡くなるまでの五カ月間は、牧野の周りにいたのは、彼がもっとも信頼していた教え子の佐藤孔美さんと、東京から父の見舞いにやってくる娘の牧野波と加藤の、最大でも三人だけということになりました。私自身も体調不良で昨年暮れに一時入院したこともあり、したがって事実上は、牧野自身の希望もあって、彼のことはほとんど佐藤さんが背負うことになってしまいました。

病院とわがままな牧野の板ばさみで大変なストレスがあったことと思います。佐藤さんは医者の言うことを聞こうとしない牧野を根気よく説得して治療とリハビリを自主的に受けさせるようにする一方で、牧野自身の主体的判断を尊重して医者の側とも交渉するという具合に、牧野の人間としての尊厳を何よりも気にかけていました。佐藤さんのこの一本芯の通った対応のお蔭で、牧野の人生の最後の五カ月間は、この状況で考えられ得る限りのもっとも穏やかで幸福なものになったのではないかと思います。このときのことについては、佐藤さん自身の短い文章が、このあとがきの最後に収録されていますので、ご覧いただければ幸いです。

牧野という人には、天使のように高潔なところから悪魔のようにいかがわしいところまで大きな振り幅があり、また何事も笑い飛ばす諧謔や哄笑の精神と同時に意外に神経質で生真面目なところもありました。この落差が人間としての彼の磁場を強くしているのか、彼には多くの人を引きつけるところがありましたが、逆に彼に強く反発する人もいました。求心力も遠心力もある、まさにポリフォニックな人間が牧野だったと言えるかもしれません。

ただ、彼には、何か自分が存在することそのことへの無意識の負い目のようなものがあり、それが、あまりに幸福であることを彼に拒絶させるようなところがありました。何を引きずっていたのか私にはわかりませんが、牧野は、幸福だと身の置き所がなく、少し不幸な方が居心地が良い、そういう人でした。大きな不幸はもちろん文字通り不幸なことなのでだめですが、少しだけの不幸は牧野のアイデンティティを保つために必要不可欠なものだったのではないかと思います。

その昔、駿台予備学校の最首悟さんからお聞きした話ですが、それによると、「僕は、あのカトウマリというのが苦手なんですよ」と牧野がボソッと彼に語ったということです。最首さんは「夫が妻を苦手だというのはどういうことなんだろうね」と半ば笑っておられましたが、実は、むしろこういう家庭状況は、牧野にとってはある意味理想的なありようだったのではないかと思います。家庭的に（あるいは別のことでもいいのですが）自分があまり幸福ではないという自覚とそのことに対する他者の承認があってはじめて、彼は自己確認ができ、心のバランスもとれるフシがありました。他者の目を通して見られたやや不幸な自分というものは、牧野にとって、一貫して必要だったのだと思います。彼の心のバランスは見た目よりも危うく、これが崩れると一挙に鬱状態に入っていくことがありました。

本書で語られているように、牧野は、子ども時代に出会った革新系の教師たちを反面教師にして、また優秀すぎる兄たちを一つの参照点として、勉強のできない子どもの側に身を寄せる独自の教育観と反骨精神を養いました。そして大学時代の全共闘運動の中で、六〇年代末の戦後社会の諸矛盾や覇権主義の道を再度進み始める日本のあり方への批判、そして大学という特権的な場所に属する自分自身への自己批判を通して、ものごとを見通す批判力を培ったのだと思います。そうしたこれまでの自分の経験と問題意識のすべてを、河合塾に来て、この河合塾の教育現場に全身全力で注ぎ込んだのだと思いますが、ここでは、自分のエネルギーを注ぎ込めば込んだだけ周りの人々が反応してくれる、そしてみんなで何か新しいことができる、という幸福な手ごたえをつかんだのではないかと思います。そういうことが可能になったのは、時代の流れとのタイミングが合ったということもありますが、やはり河合塾という予備校の懐の深さということもあったと思います。

河合塾は、組織としての問題点や矛盾はもちろんありますが、それでも全体としては他の予備校よりも風通しがよく、内部批判もできるようなわい雑で民主的な風土がそれなりにあった場所だといえます。そういう環境で、講師・事務局の別なく周りに刺激的で信頼できる友人知人がいて、時代に先がけて一緒に新しいものを作っていく運動体ができている（それを予備校文化と呼ぶことも可能かもしれませんが）ということは、牧野にとってたいへん幸福なことだったと思います。おそらく彼には、全共闘運動で敗北したことの中身を、形を変えてこの河合塾で半ば実現したという充実した感覚があったのではないでしょうか。

予備校としての河合塾は、公教育から外れた存在であるからこそ、自由に子どもたちの心に向き合い彼らの潜在的な力を汲み出していく教育ができる場所だ、ということを牧野はよく訴えていましたが、彼自身が、こういう動的な場所で逆に子どもたちから学び、それによって自分の問題意識や他者への想像力を深めていったのではないかと思います。互いに学びあい互いに成長しあう教育の運動体としての河合塾、ということが、彼の中では大きな意味をもっていたのだろうと思います。

あまりに早過ぎる死ではありましたが、多くの素晴らしい人々に出会い、そうした人々とゆるやかに連帯しながら、自分の思うように生きかつ疾走した、本当に刺激的で充実した人生だったと思います。

二〇一五年十二月二十五日〜二〇一六年五月二十日

佐藤　孔美

「恵那に帰って山の木の手入れをしながら子どもたちの勉強をみる。だからここを出る。」入院生活にイライラしてくると無理を承知なのに牧野さんがそう言い出すので、「元気になったらいつでも恵那へ送って行きますよ」とその度に答えていた。もちろん、今まで以上に牧野さんが自分の身体を思うように動かすことは難しいだろうが、それでも牧野さんはしぶとい、絶対元気になる、そしてこれまでのように「〜の方へ行こう」と言われ、また牧野さんを乗せてドライブが出来るようになると信じていた。

昨年の十二月二十五日、牧野さんは誤嚥性肺炎のため入院、その後も高熱の日が続いた。嚥下障害が起きていて、食事からの栄養が取れないためＩＶＨ（中心静脈栄養）とした。これはリハビリをやって再び口から食事が出来るようになると考えての事だった。ほどなく体調も良くなってきたので病院でリハビリを始めるが、本人の拒絶で殆ど出来なかった。それでも車いすに乗る時間は増え、「恵那に帰って山の木の手入れ〜」という言葉を耳にする事は殆どなくなった。ただ、ペチャンコになったお腹を触りながら「腹がすいた。みんなの残り物を貰ってきてくれ」との懇願は暫くの間続くのだが、これればかりはどうしようもなかった。

二月二一日、肺炎を再発した。40度近い熱があった。高熱が何日も続いたが徐々に回復をし、三月はじめにようやくリハビリセンターに転院となった。

転院後も暫くの間は牧野さんのリハビリ拒否が続いた。デイホールの窓から遠くに山の稜線が見える。それを見て、「車に乗って山の方へ行こう」と牧野さんに頼まれるが、「ごめん、今は自分で車の助手席に移れないけど、リハビリをして助手席に移れるようになって、点滴も要らなくなったらドライブに行きましょう。それまでもう少し我慢をして下さい」と答える。嘘ではないが、リハビリを行って貰うための言い訳ともいえる。が、それが効を奏したのか、牧野さんは厭々ながらでも徐々に身体を動かし始めてくれるようになった。先生が寄り添って行う立ち座りのリハビリなどは、般若面の様な形相で挑んでいたが、滑車を使い一人で行う腕の上げ下げや、ペダルの足漕ぎに至っては十分～十五分間黙々と行っていた。車いすで外を散歩していると、草花を指して「かわいいね」「きれいだね」という牧野さんの穏やかな声がする。車いすの後ろからはどんな表情なのかは見えないが、楽しい時間だった。

四月十一日、レントゲンによる飲み込みの検査。STのリハビリも行ってはいたが、飲み込みが可能か否かは分からない。検査の結果は「頑張ったよ、大丈夫、いけるよ」と言われ、翌日から昼食をとるリハビリとなった。余りにも嬉しくて泣きたくなったが、当の本人はその日は午後からずっとリハビリだったので疲れ切っており、それどころでは無い様子だった。

翌十二日、待ち侘びていた所へ待望の昼食が運ばれてきた。「トロミ食は美味しい？」と尋ねると、牧野さんは頭を傾げて「……わからん」。

　五月十一日、今日から夕食も始まる。本当に待ち遠しかったのだろう、美味しそうに食べている。このままゆっくりであっても順調に回復して行くと信じていた。

　五月十四日、夕食を終え歯磨きに行こうとした瞬間、牧野さんが嘔吐をした。ベッドに戻り熱を計ると40度近い熱があった。十五日、午前中は37度台まで熱が下がったらしい。少し元気になったのか、牧野さんは車いすを指し「乗ってあっちに行く」と小声で言った。十六日、熱は39度近いが車いすを指し「乗る」と弱々しく呟いた。暫くして眠りについた様子だが、苦しそうに呼吸をしていた。

「肺炎になるとその都度、体力、免疫力が低下していきます。菌はその度に強くなり抗生物質も効きにくくなります。ですが、今、牧野さんは一生懸命に闘っています」と医師が言った。これまでも牧野さんは負けずにやってきたのだから、今回も大丈夫だと信じていた。

　五月二十日、牧野さんはとても穏やかな、寝息の様な呼吸をしている。「そろそろ起きた方がいいですよ」と声を掛けると目を覚ましそうな、いや、起こすのは悪いなと思い直す。時々口をモグモグ動かしたりする。夕方、万里さんと「少しの間夕食に出かけてきます」と声を掛けると、「いいよ」なのか「ダメ」なのか眠ったまま反応をしてくれる。と思っていたら、モニターのアラーム音が急に鳴り響き、今までとは異なる波線を描き、看護師が病室に飛び込んできた。

　十八時三十四分、牧野さんの穏やかな寝息も聞こえなくなっていた。

牧野のお墓は、岐阜市北西の中山浄苑（岐阜市西秋沢二七六）という閑静な墓地に建てました。東と南の両面に面したやや高台の風の通る眺めの良い場所で、春には桜、秋には紅葉が美しいとのことです。徳山ダムで沈んだ旧徳山村のお墓やお寺（増徳寺）もここに移転してきています。

牧野　剛　略歴

一九四五年九月二十四日　岐阜県恵那市にて、父武と母孝子の三男として生まれる。
一九五二年四月　岐阜県恵那市立大井小学校入学。
一九五八年四月　岐阜県恵那市立恵那東中学校入学。
一九六一年四月　岐阜県立恵那高校入学。
一九六五年四月　名古屋大学文学部入学。
一九七二年三月　名古屋大学文学部国史科卒業（文学部では授業全欠席、必修単位取得ゼロ。大学側からのレポートによる単位代替提案を受けて卒業したといわれる）。
一九七三年　大学時代の同級生と第一回目の結婚。この頃、養護学校教諭、高等学校非常勤講師などをする。
一九七五年　恵那市会議員選挙に立候補。選挙演説は恵那市中で大いに盛り上がるも、結果は最下位落選。地域の地縁血縁の強さを思い知る。
一九七六年四月　河合塾国語科講師として教壇に立つ。河合塾生を大挙引き連れての木曽駒登山、大コンパなど、河合塾にて独自の活動を始める。
一九七八年　二度目の結婚。翌年二度目の恵那市議選に挑戦。再び落選。
一九八〇年四月　河合塾ベーシッククラスを立ち上げる。
一九八一年四月　一九八八名古屋オリンピック招致に反対する「市民共闘会議」を有志十数人と結成。同年九月、オリンピック招致に反対して、名古屋市役所前でハンストを決行する（その後一九八八年のオリンピックは、名古屋ではなくソウル開催に決定）。
一九八四年一月　「全国共通一次試験」の国語問題（藤田省三『精神史的考察』）を的中させ、マスコミなどで大きな話題になる。
以後、河合文化教育研究所、大検コース・コスモ、日中韓三国大学統一入試を分析する衛星中継シンポ、『わたしが選んだこの一冊』など、河合塾で多くのことを提案、それを講師・事務局の有志とともに実現させ、河合塾の文化体制の基盤を作る。
また、この間参議院再選挙、愛知県知事選、名古屋市長選に立候補するも、すべて落選。
二〇一一年十月　脳梗塞で倒れ、八事日赤病院、名古屋市立リハビリセンター病院、国立東病院などで治療を受けリハビリをする。

二〇一二年十二月　河合文化教育研究所特別研究員になる。二〇二〇年の文科省の大学入試改革問題などを精力的に検討。
二〇一四年四月　胃がん手術。
二〇一五年十二月　誤嚥性肺炎にて入院。
二〇一六年五月二十日一八時三四分
誤嚥性肺炎の再発で急逝。享年七十歳。

主な著書

『予備校にあう』（風媒社、一九八六年、一九九九年新版）
『国境を越えて——東欧民主化とEC統合の若者への旅』共著、鎌田慧（河合出版、一九九一年）
『現代文と格闘する』共著、竹国友康、前中昭（河合出版、一九九五年初版、二〇〇六年改訂版、二〇一六年改訂三版）
『されど予備校——予備校から世界を覗る』（風媒社、一九九九年）
『浪人しないで何が人生だ——「成功する浪人生活」の過ごし方』（学習研究社、一九九六年）
『河合塾マキノ流国語トレーニング』（講談社現代新書、二〇〇二年）
『30年後の「大学解体」』（ウェイツ、二〇〇二年）
『偏差値崩壊——本当の学力を見失う偏差値の呪い』（PHP研究所、二〇〇九年）
『人生を変える大人の読書術』（メディアミックス、二〇〇九年）

執筆者紹介

青木和子　河合塾日本史科講師。河合塾にセクハラ（のちにハラスメント）防止・対策委員会を立ち上げる。『「マザコン少年の末路」の記述をめぐって』共著（河合文化教育研究所）ほか。

茅嶋洋一　河合塾現代文小論文科講師。河合文化教育研究所「日本近代史・思想史研究会」主宰。戦後三大教育裁判の一つ伝習館教育裁判の原告。

菅　孝行　河合塾元小論文科講師。劇作家。評論家。河合文化教育研究所「差別問題研究会」主宰。『天皇制問題と日本精神史』（御茶の水書房）ほか。

原点としての恵那の子ども時代

2016年9月25日　第1刷発行

著　者　牧野　剛

編　者　加藤万里

発行者　鈴木忠弘

発行所　株式会社 あるむ
〒460-0012　名古屋市中区千代田3-1-12
電話 052-332-0861

装幀者　永尾嘉章

印刷・製本　精版印刷

ISBN978-4-86333-110-5　C0095